Cruz Roja Americana

Primeros auxilios esenciales

Prepárese con la Cruz Roja

D1355404

StayWell®

A MediMedia USA Company

La información sobre preparación para casos de desastre que se incluye en esta guía también se basa en *Talking About Disaster: A Guide for Standard Messages*, una publicación de la Coalición Nacional de Educación sobre Desastres.

Esta guía no reemplaza los materiales utilizados en los cursos de la Cruz Roja Americana que permiten obtener certificación en Primeros Auxilios o RCP y DEA.

Cruz Roja Americana

Primeros auxilios esenciales

Prepárese con la Cruz Roja

Consejo Asesor de la Cruz Roja Americana sobre Primeros Auxilios, Actividades Acuáticas, Seguridad y Preparación (ACFASP)

A fines de 1998, la Cruz Roja Americana constituyó un panel independiente de expertos en salud y seguridad reconocidos a nivel nacional denominado Consejo Asesor de la Cruz Roja Americana sobre Primeros Auxilios, Actividades Acuáticas, Seguridad y Preparación o ACFASP. Sobre la base de una vasta experiencia conjunta de campos tan diversos como medicina de urgencia, salud ocupacional, medicina deportiva, medicina escolar, respuesta de los servicios médicos de emergencia y movilización para casos de desastre, el ACFASP fue diseñado como el canal para establecer la norma en la atención de primeros auxilios. Se encomendó al ACFASP asesorar a la Cruz Roja Americana en áreas relacionadas con el desarrollo y la divulgación de información adecuada a cada público destinatario y la capacitación en primeros auxilios y seguridad.

ÍNDICE

TELÉFONOS DE EMERGENCIA

Servicio médico de emergencia:

9-1-1 o número local de emergencias:

Policía:

Bomberos:

Médico:

Dentista:

Centro de Control de Envenenamientos:
(ó 1-800-222-1222)

DATOS PERSONALES

Dirección:

_____

Teléfono:

_____

Teléfono celular:

_____

En caso de emergencia llamar a:

_____

Medicamentos recetados:

_____

Medicamentos sin receta:

_____

Información sobre alergias:

_____

Problemas médicos:

_____

¡PREPÁRESE CON LA CRUZ ROJA!

Este programa es el resultado de la labor conjunta de la Cruz Roja Americana y la campaña "Listo" del Departamento de Seguridad Nacional de los Estados Unidos (DHS). Tiene como objetivo animar al público en general a prepararse mejor para una catástrofe u otra emergencia. Es importante estar siempre preparados. Los desastres naturales o provocados pueden ocurrir sin aviso, en cualquier momento y lugar.
Hay tres cosas importantes que todos podemos hacer para estar preparados:

- Tener un **equipo de suministros**
- Hacer un **plan**
- **Informarse**

Para obtener más información o comunicarse con la Cruz Roja local, visite *www.cruzrojaamericana.org*.

MEDIDAS DE EMERGENCIA

Tener un equipo de suministros

Prepare suministros de emergencia para un mínimo de tres días por persona en un recipiente que sea fácil de cargar y tenga a mano otros artículos. Recuerde revisar su equipo y renovar suministros cada seis meses.

Un modo fácil de comenzar a preparar su equipo es llamar a la oficina local de la Cruz Roja o visitar *www.cruzrojaamericana.org* para conseguir un equipo de preparación para emergencias hoy mismo.

Ya sea que decida comprar o preparar su equipo, asegúrese de que incluya lo siguiente:

Agua. Almacene como mínimo un galón de agua por persona, por día.

Alimentos. Guarde productos ricos en proteínas, no perecederos, como por ejemplo barras alimenticias de alto valor energético, sopa enlatada, mantequilla de maní, etc. Incluya alimentos que no haya que refrigerar, preparar ni cocinar y que requieran poca o nada de agua.

Linterna. Puede elegir una linterna de manivela o que funcione con energía alternativa. Incluya pilas de repuesto, si es necesario.

Botiquín de primeros auxilios. Recuerde incluir el manual de instrucciones.

Medicamentos. No olvide los medicamentos con y sin receta médica.

Radio. Incluya pilas de repuesto o use una radio de manivela.

Herramientas. Entre otras, incluya: llave inglesa (para desconectar el gas si fuese necesario), abrelatas manual, destornillador, martillo, alicates, cuchillo, cinta adhesiva para tuberías, tela plástica y bolsas de basura con tiritas para cerrarlas.

Ropa. Guarde un cambio de ropa para cada persona, zapatos resistentes y guantes.

Artículos personales. Recuerde guardar copias de documentos importantes (identificación, pólizas de seguro, certificados de nacimiento, pasaportes, etc.); anteojos, lentes de contacto y solución para lavarlas, y objetos para distraerse, como juguetes y libros.

Artículos de higiene. Necesitará papel higiénico, toallas húmedas, artículos de higiene femenina, productos para la higiene personal, blanqueador de ropa (cloro), etc.

Dinero. Asegúrese de tener billetes y monedas en cantidad suficiente (los cajeros automáticos y las tarjetas de crédito no funcionarán si no hay electricidad).

Información de contacto. Lleve una lista actualizada de números de teléfono y direcciones de correo electrónico de sus familiares. No olvide los datos de alguien que viva fuera de la zona para facilitar la comunicación en caso de que las líneas telefónicas estén saturadas o no funcionen.

Provisiones para los animales domésticos. Incluya comida, agua, correa, arnés o jaula para transporte, caja con arena o bolsas de plástico, placas de identificación e información sobre medicamentos y vacunas para cada mascota.

Mapa. Considere marcar una ruta de escape para desalojar la zona donde vive.

Guarde los suministros en un recipiente resistente, pero que sea fácil de cargar, en un lugar accesible. Lleve una versión más pequeña del equipo de suministros en su automóvil. Si se queda varado en algún lugar o por alguna otra razón no puede volver a su casa, tener a mano algunas de estas cosas lo hará sentirse más cómodo mientras espera auxilio.

Hacer un plan

Planificar con tiempo lo ayudará a responder mejor en caso de desastre.

Converse. Hable con su familia sobre cuáles son los desastres que podrían ocurrir donde vive.

Asigne responsabilidades a cada persona de la casa y establezca un plan para trabajar en equipo. Designe suplentes en caso de que alguna persona se ausente. Si algún miembro de la familia pertenece a las fuerzas armadas, planifique también la forma en que respondería en caso de que ordenen su movilización y recuerde incluir los datos de la base militar local.

Planifique. Escoja dos lugares para encontrarse después de un desastre:

- Frente a su casa, en caso de una emergencia súbita, como un incendio.
- Fuera de su vecindario, en caso de que no pueda regresar a su casa u ordenen abandonar el vecindario.

Aprenda. Cada adulto de la familia debería aprender cómo y cuándo desconectar los servicios, como la electricidad, el agua y el gas. Pida a alguien del departamento de bomberos que le enseñe cómo usar el extintor de incendios. Avise a quienes viven en la casa dónde está la información de contacto y los suministros. Haga copias de la lista de números para que cada persona la lleve consigo. Recuerde actualizar los datos. Dos veces al año, practique el plan para desalojar su vivienda. Recorra los caminos de salida que ha planificado, y marque en un mapa rutas alternativas en caso de que las carreteras principales se encuentren obstruidas o intransitables.

No olvide a las mascotas. Si debe irse, lleve a su mascota con usted. Si el lugar es peligroso para usted, también lo será para los animales domésticos.

Ayude a su comunidad. Colabore con los planes de su vecindario. Podría trabajar como voluntario en su comunidad y donar sangre. Más de un millón de personas en los Estados Unidos trabajan como voluntarios para servir a sus comunidades. Estas personas tienen distintas ocupaciones, experiencias y edades. Los voluntarios de la Cruz Roja ayudan a la gente en casos de emergencia. Dictan cursos de primeros auxilios y organizan campañas de donación de sangre. También ayudan a los miembros de las fuerzas armadas que se encuentran en el exterior a comunicarse con sus familiares en casos de acontecimientos importantes. Los servicios comunitarios son esenciales y existen gracias a gente como usted. Comuníquese con la Cruz Roja local para ofrecer su ayuda.

Done sangre. La sangre es indispensable en una emergencia, pero también existe una necesidad permanente. En los Estados Unidos, cada dos segundos alguien necesita una transfusión de sangre (enfermos de cáncer, víctimas de accidentes, bebés prematuros, entre muchos otros). Es importante contar con un suministro de sangre adecuado en todo momento. Para contribuir al suministro de sangre de su comunidad, llame al **1-800-GIVE LIFE (1-800-448-3543)** o visite *www.givelife.org*. Si vive en Puerto Rico o en el sur de California, llame al **1-866-POR VIDA (1-866-767-8432)** y pida una cita para donar sangre hoy mismo.

Informarse

Averigüe qué podría ocurrir y cómo puede ayudar.

Conozca cuáles son los desastres o las emergencias que podrían ocurrir en su casa, el trabajo y lugares de recreación. Estas catástrofes no sólo los afectan a usted y a su familia, como un incendio en su casa o una emergencia de salud, sino que podrían azotar a todo el vecindario, como por ejemplo, un terremoto o una inundación.

Averigüe el modo en que las autoridades de la localidad darán a conocer avisos durante una catástrofe y cómo recibirá información importante, ya sea a través de la radio o la televisión local, o las estaciones o los canales de la radio meteorológica de la Oficina Nacional de Administración Oceánica y Atmosférica (NOAA).

Aprenda qué puede hacer para prepararse para casos de desastre. Comuníquese con la Cruz Roja local para obtener información sobre capacitación en primeros auxilios, RCP y educación sobre desastres. Aprender técnicas sencillas de primeros auxilios puede darle las habilidades y la confianza para ayudar a cualquiera en el hogar, el vecindario o en el trabajo.

Cuando ocurre un desastre importante, su comunidad puede cambiar en un instante. Es posible que nuestros seres queridos estén heridos o los servicios de emergencia se demoren. Asegúrese de que al menos una de las personas que vive en su casa esté capacitada en primeros auxilios, reanimación cardiopulmonar (RCP) y uso del desfibrilador externo automatizado (DEA). Las presentaciones sobre preparación para casos de desastre brindarán más información sobre las formas de prepararse para posibles catástrofes en su comunidad. Comuníquese con su Cruz Roja local para obtener más detalles.

Converse sobre lo que ha aprendido con su familia, las personas que viven con usted y sus vecinos. Anímelos a que se informen.

Lista de verificación del botiquín familiar de primeros auxilios	Cantidad	Uso sugerido
antiséptico para las manos a base de alcohol	4 paquetes	higiene de las manos
aspirinas masticables (de 81 mg)	2	síntomas de ataque cardíaco**
barrera respiratoria (protector facial) con válvula unidireccional	1	protección durante la respiración de salvamento
cinta adhesiva de tela de 1 pulgada	10 yardas	sujeción de vendajes o entablillados
compresa fría instantánea	1	control de la hinchazón
compresas absorbentes (5 x 9 pulgadas)	2	protección de heridas abiertas
gasa esterilizada en sobres (3 x 3 pulgadas)	5	control del sangrado externo
gasa esterilizada en sobres (4 x 4 pulgadas)	5	control del sangrado externo
guantes desechables grandes, sin látex	2 pares	prevención del contacto con líquidos corporales
Guía de primeros auxilios de la Cruz Roja Americana	1	instrucciones para primeros auxilios

Nota: *Puede ofrecer aspirina a la persona si es médicamente adecuado, pero nunca debe demorar en llamar al 9-1-1 (ver página 46).*

Lista de verificación del botiquín familiar de primeros auxilios

Lista de verificación del botiquín familiar de primeros auxilios	Cantidad	Uso sugerido
hidrocortisona en crema (paquetes de aproximadamente 1 gramo cada uno)	2	tratamiento de erupciones externas
manta de emergencia	1	mantenimiento de la temperatura corporal
pinza	1	extracción de astillas o garrapatas
pomada antibiótica triple (paquetes de aproximadamente de 1 gramo cada uno)	5	control de infecciones
rollo de venda (3 pulgadas de ancho)	1	sujeción de apósitos sobre las heridas
rollo de venda (4 pulgadas de ancho)	1	sujeción de apósitos sobre las heridas
termómetro oral (sin mercurio ni vidrio)	1	control de la temperatura por vía oral
tijeras	1	corte de cinta adhesiva, tela o vendas
toallitas antisépticas	5	limpieza de heridas y desinfectante
vendas adhesivas (de distintos tamaños)	25	protección de heridas abiertas
vendas triangulares	2	cabestrillo con inmovilización o entablillado

Lista de verificación del equipo de preparación para emergencias para un adulto, para 3 días	Cantidad	Uso sugerido
agua/recipientes para agua	3 galones	hidratación corporal
barras alimenticias (60% de proteínas e hidratos de carbono)	4.800 calorías	fuente de alimentación
bastones luminosos (verdes o amarillos, para 12 horas)	3	fuente de iluminación química
botiquín personal de primeros auxilios	1	artículos de primeros auxilios para casos de emergencia
cinta adhesiva para tuberías (2" x 90')	1	sellado de láminas de plástico
guantes de trabajo, de cuero o material similar	2 pares	protección de las manos
láminas de plástico (de alrededor de 4 mm de espesor, de 10'x10')	1	resguardo en el lugar donde se encuentra
linterna que funciona con pilas (dos pilas tipo D o equivalentes [3 voltios])	1	iluminación
manta de emergencia (reflectante, de aproximadamente 4,5' x 7')	1	mantenimiento del calor corporal

Lista de verificación del equipo de preparación para emergencias para un adulto, para 3 días	Cantidad	Uso sugerido
mascarilla de respiración N95 (con certificación conforme a la parte 84 CFR, NIOSH-42)	1	protección contra la inhalación de partículas de polvo
pilas tipo AAA	4	energía para la radio
pilas tipo D	2	energía para la linterna
poncho para lluvia (tamaño para adulto)	1	protección de la ropa en caso de lluvia o nieve
radio que funciona con pilas	1	actualización de noticias e instrucciones de seguridad
silbato (de plástico, sin bolilla)	1	ayuda para la localización por parte de los socorristas
Guía *Primeros auxilios y preparación*	1	información para prepararse ante emergencias
toallitas húmedas (en paquetes individuales)	6	higiene del cuerpo o de las manos

PASOS PARA ACTUAR EN UNA EMERGENCIA

Las emergencias se suelen reconocer cuando hay algo fuera de lo normal que llama la atención, como:

- ruidos inusuales;
- escenas inusuales;
- olores inusuales;
- apariencia o comportamientos inusuales.

En una emergencia, es posible que se sienta atemorizado, confuso o no esté seguro sobre lo que debe hacer. Mantenga la calma; usted puede ayudar. Para responder de forma eficaz, siga los tres **pasos para actuar en una emergencia:**

1. **REVISE** el lugar para ver si hay algún peligro y luego **REVISE** a la persona para saber si presenta condiciones de peligro de muerte.
2. **LLAME** al 9-1-1 o al número local de emergencias.
3. **ATIENDA** a la persona enferma o lesionada.

Revise el lugar para ver si hay algún peligro y luego REVISE a la persona.

- Revise si la persona está consciente, si tiene signos de vida (movimiento y respiración) y sangrado grave.
  - Primero, pida el consentimiento de la persona para ayudarla.
  - Si la persona está inconsciente, el consentimiento se considera sobreentendido.
  - Si se trata de un menor, pida el consentimiento para atenderlo a los padres o tutores, si están presentes.
  - De lo contrario, el consentimiento se considera sobreentendido.

- **Sólo** debe mover a la persona enferma o lesionada si:
  - el lugar se vuelve peligroso;
  - necesita darle atención de emergencia;
  - necesita atender a otra persona que tiene una herida más grave.

- Si debe mover a la persona:
  - Hágalo con cuidado, sin retorcerle o inclinarle el cuerpo.

○ Si usted está solo, sujete la ropa de la persona y arrástrela hasta un lugar seguro. Al arrastrarla, sosténgale la cabeza y el cuello todo lo posible.

Cuándo llamar

En casos de peligro de muerte, hay que actuar rápido.

LLAME AL 9-1-1 o al número local de emergencias si la persona:

- está inconsciente o a punto de perder el conocimiento;
- tiene dificultad para respirar;
- siente dolor u opresión en el pecho con una duración mayor de 3 a 5 minutos o que se alivia y reaparece;
- tiene sangrado grave;
- tiene una quemadura grave (profunda);
- tiene presión o dolor en el abdomen que no desaparece;

- tiene sangre en el vómito, la orina o la materia fecal;
- sufre una convulsión que dura más de 5 minutos, o convulsiones múltiples;
- tiene una convulsión y es diabética;
- tiene una convulsión y está embarazada;
- no recobra el conocimiento después de una convulsión;
- tiene de forma repentina un dolor de cabeza intenso o dificultad para pronunciar las palabras;
- presenta síntomas de envenenamiento;
- tiene lesiones en la cabeza, el cuello o la espalda;
- presenta posibles fracturas.

Además, LLAME AL 9-1-1 o al número local de emergencias en los siguientes casos:

- Incendio o explosión
- Cables eléctricos caídos
- Aguas que se mueven o suben de nivel con rapidez
- Presencia de gas venenoso
- Choques de vehículos de motor
- Personas a las que no se puede mover con facilidad

Cómo llamar

Cuando LLAME AL 9-1-1 o al número local de emergencias, mantenga la calma y esté preparado para facilitar la siguiente información:

- Su nombre
- Número de teléfono desde donde está llamando

- Qué ha ocurrido
- El lugar exacto donde está (incluya intersecciones, puntos de referencia, nombre del edificio o número del apartamento)
- Cuántos heridos hay
- Condición en que se encuentran los heridos
- Ayuda (atención) que se está prestando

NOTA: *No cuelgue el teléfono;* primero espere a que lo haga el operador del servicio médico. El operador del servicio médico de emergencia podrá indicarle qué atención brindar a la persona mientras llega el personal del servicio médico de emergencia. Regrese junto a la persona y siga atendiéndola.

SI ESTÁ SOLO

Si está solo, deberá decidir si *llamar* o *atender* primero.

Llamar primero
Si está solo, llame primero. LLAME primero (al 9-1-1 o al número local de emergencias) antes de atender a la persona:

- cuando se trate de un adulto o un adolescente de 12 o más años de edad que está inconsciente;

- cuando presencie la pérdida de conocimiento repentina de un niño o un bebé;

- cuando se trate de un bebé o un niño inconsciente, que usted sabe que corre un alto riesgo de tener problemas cardíacos.

NOTA: *Las situaciones en las que debe llamar primero son, probablemente, emergencias cardíacas, como un paro cardíaco repentino.*

Atender primero
Si está solo, atienda primero (durante 2 minutos) y después 9-1-1 o al número local de emergencias en los siguientes casos:

- Si la persona está inconsciente y es menor de 12 años de edad.
- Si la persona es una víctima de ahogamiento.

NOTA: *Las situaciones en las que debe atender primero suelen estar relacionadas con emergencias respiratorias.*

Posición lateral de seguridad

Si usted está solo y tiene que dejar a la persona por alguna razón, como por ejemplo para pedir ayuda o para conseguir un desfibrilador externo automatizado (DEA), coloque a la persona en una posición de seguridad. Esto contribuirá a que la vía respiratoria permanezca abierta y despejada si la persona vomita.

Si cree que la persona tiene una lesión en la cabeza, el cuello o la espalda:
Ponga a la persona de costado, manteniendo la cabeza, el cuello y la espalda alineados, es decir, en la posición modificada de HAINES. La frase mnemotécnica "HAINES" (*High Arm In Endangered Spine*, por sus siglas en inglés) se refiere a la elevación del brazo extendido por completo para proteger la columna vertebral. Esta posición se conoce en español como **"posición modificada de HAINES"**.

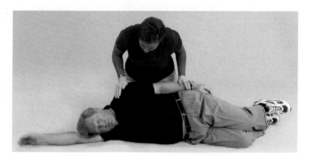

ALERGIA, REACCIÓN GRAVE

Señales:

- Dificultad para respirar
- Sensación de opresión en el pecho y la garganta
- Hinchazón de la cara, el cuello y la lengua
- Erupción o urticaria
- Mareos o confusión

Atención:

- REVISE el lugar.
- REVISE a la persona con cuidado para ver si tiene hinchazón en la garganta o dificultad para respirar.
- Ayude a la persona con su medicamento.
- Si la persona presenta dificultad para respirar o pierde el conocimiento, LLAME AL 9-1-1 o al número local de emergencias de inmediato.

NOTA: *En caso de reacción alérgica* **grave***, si la persona tiene un autoinyector de epinefrina recetado, usted puede prestarle la ayuda necesaria para administrárselo si tiene capacitación para hacerlo y si los protocolos locales y estatales lo permiten. Si cree que la persona ha sufrido un envenenamiento, llame al Centro de Control de Envenenamientos al 1-800-222-1222.*

ATRAGANTAMIENTO

La Cruz Roja Americana recomienda enfáticamente inscribirse en un curso para aprender la forma de responder en caso de atragantamiento.

ATRAGANTAMIENTO EN ADULTOS Y NIÑOS CONSCIENTES

Señales:

- La persona se lleva una o ambas manos a la garganta.
- No puede toser, hablar ni respirar.
- Tose sin fuerza, haciendo un sonido agudo. (Si la persona tose con fuerza, dígale que siga tosiendo.)

Atención:

- REVISE el lugar y a la persona.
- Pida que alguien LLAME AL 9-1-1 o al número local de emergencias.
- Pida el consentimiento de la persona para atenderla.

Si el adulto o niño no puede toser, hablar ni respirar (atragantamiento):

- Cruce un brazo en diagonal sobre el pecho de la persona e inclínela hacia delante.

- Dé 5 golpes en la espalda con la parte de la mano más cercana a la muñeca.

Si la vía respiratoria sigue obstruida:

- Dé 5 presiones abdominales rápidas hacia arriba.

  ○ Forme un puño con una mano y coloque el lado del pulgar en la parte media del abdomen, justo por encima del ombligo.

  ○ Sujete el puño con la otra mano.

Continúe dando golpes en la espalda y presiones abdominales hasta que:

- el objeto sea expulsado, la persona pueda respirar o toser con fuerza;

O BIEN

- la persona pierda el conocimiento.

Si la persona pierde el conocimiento:

- LLAME AL 9-1-1 si aún no lo ha hecho y dé atención para atragantamiento en un adulto o niño inconsciente (ver página 37).

ATRAGANTAMIENTO EN BEBÉS CONSCIENTES

Señales:

- No puede toser, llorar ni respirar.
- Tose sin fuerza o con un sonido agudo.

Atención:

- REVISE el lugar y al bebé.
- Pida que alguien LLAME AL 9-1-1 o al número local de emergencias.
- Pida el consentimiento para atenderlo a los padres o tutores, si están presentes.
- Dé 5 golpes en la espalda (entre los omóplatos) con la parte de la mano más cercana a la muñeca.

Si la vía respiratoria sigue obstruida:

- Dé 5 presiones en el pecho.

NOTA: *Sostenga firmemente la cabeza y el cuello del bebé al darle golpes en la espalda y presiones en el pecho.*

Continúe dando golpes en la espalda y presiones en el pecho hasta que:

- el objeto sea expulsado y el bebé pueda respirar o toser con fuerza;

O BIEN

- el bebé pierda el conocimiento.

Si el bebé pierde el conocimiento:

- LLAME AL 9-1-1 si aún no lo ha hecho y dé atención para atragantamiento en bebés inconscientes (ver página 39).

ATRAGANTAMIENTO EN ADULTOS Y NIÑOS INCONSCIENTES

Señales:

- No consigue que el pecho de la persona suba claramente al dar soplos de respiración de salvamento.

Atención:

- REVISE el lugar y a la persona.
- Llame o pida a alguien que LLAME AL 9-1-1 o al número local de emergencias si aún no lo ha hecho.
- Inclínele la cabeza hacia atrás y levántele la barbilla. Luego, tápele la nariz apretando con el pulgar y el índice.
- Presione sus labios alrededor de la boca de la persona para formar un sello hermético.
- Dé 2 soplos de respiración de salvamento.

Si los soplos no entran:

- ○ Inclínele la cabeza más hacia atrás.

(Si se trata de un niño, vuelva a inclinarle la cabeza hacia abajo y hacia atrás (posición neutral) para abrir la vía respiratoria.)

- Dé 2 soplos de respiración de salvamento.

Si el pecho no sube:

  ○ Retire la barrera de respiración para la RCP, si está usando una.

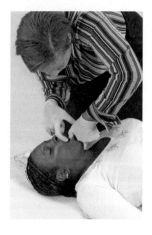

  ○ Dé 30 compresiones en el pecho.

  ○ Busque el objeto extraño.

  ○ Si ve algún objeto, sáquelo con un dedo.

- Dé 2 soplos de respiración de salvamento.

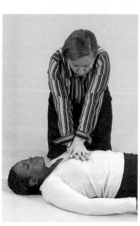

ATRAGANTAMIENTO EN UN BEBÉ INCONSCIENTE

- Presione los labios alrededor de la boca y la nariz del bebé para formar un sello hermético.
- Dé 2 soplos de respiración de salvamento. Si los soplos no entran:
  - Vuelva a inclinar la cabeza del bebé hacia abajo y hacia atrás (posición neutral) para abrir la vía respiratoria.
- Dé 2 soplos de respiración de salvamento otra vez. Si el pecho no sube:
  - Retire la barrera de respiración para la RCP, si está usando una.
  - Dé 30 compresiones en el pecho con dos o tres dedos.
  - Busque el objeto extraño.
  - Si ve un objeto, retírelo con el dedo meñique.
  - Dé 2 soplos de respiración de salvamento.

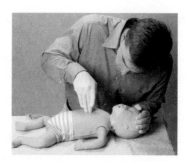

Si los soplos aún no entran:

- Continúe dando ciclos de 30 compresiones, luego vuelva a buscar el objeto extraño y retírelo, y dé 2 soplos de respiración de salvamento hasta que:

  ○ el pecho suba claramente con los soplos;

  ○ la persona comience a respirar;

  ○ llegue el personal del servicio médico de emergencia;

  ○ llegue otro socorrista capacitado que lo releve;

  ○ usted esté demasiado agotado para continuar;

  ○ el lugar se vuelva peligroso.

Si los soplos entran:

  ○ Compruebe si hay signos de vida.

  ○ Atienda a la persona según las condiciones que presente.

DERRAME CEREBRAL

Señales:

En caso de derrame cerebral, actúe rápido y verifique:

Cara: Determine si la persona tiene debilidad en un lado de la cara.

- Pídale que sonría. Esto le indicará si sufre alguna caída o parálisis facial, o debilidad en un lado de los músculos de la cara.

Alzar los brazos: Compruebe si tiene debilidad o entumecimiento en los brazos.

- Pídale que levante ambos brazos para ver si tiene debilidad en las extremidades (no levantará ambos brazos hasta la misma altura).

Repetir palabras: Controle si arrastra las palabras o tiene dificultad para pronunciar.

- Pídale que diga una oración simple para comprobar si tiene problemas para hablar o pronunciar las palabras (por ejemplo: "El almuerzo está listo.").

Ahora llamar: LLAME AL 9-1-1 de inmediato si advierte alguno de los signos arriba mencionados.

- Si la persona tiene alguna de estas dificultades o presenta otras señales de derrame cerebral, anote la hora en que comenzaron los síntomas y LLAME AL 9-1-1 de inmediato.

Además, es posible que la persona:

- tenga visión borrosa en uno o ambos ojos;
- experimente un dolor de cabeza intenso;
- sienta mareo, pérdida de equilibrio;
- tenga sensación de enfermedad o un comportamiento inusual.

Atención:

- LLAME AL 9-1-1 o al número local de emergencias de inmediato.

- ATIENDA a la persona según las condiciones que presente.

- Si la persona se babea o tiene dificultades para tragar, colóquela de costado para mantener despejada la vía respiratoria.

EMERGENCIAS CARDÍACAS

Ataque cardíaco

Señales:

- Dolor o malestar persistentes en el pecho con una duración mayor de 3 a 5 minutos o que se alivia y reaparece
  - ° El dolor puede extenderse a los hombros, los brazos, la espalda, el estómago, el cuello o la mandíbula.
- Falta de aliento
- Náuseas o vómitos
- Sudor o cambios en el aspecto de la piel
- Mareo, aturdimiento o desmayo
- Acidez estomacal o indigestión
- La persona niega los síntomas.

Atención:

- LLAME AL 9-1-1 o al número local de emergencias.
- Haga que la persona deje lo que estaba haciendo y que descanse.

- Ayúdela a descansar en la posición más cómoda.

- Aflójele la ropa ceñida.

- Ayúdela con el medicamento, si tiene alguno recetado.

Ofrézcale una aspirina después de llamar al 9-1-1 o al número local de emergencias y, si la persona está consciente, pregúntele:

- si es alérgica a la aspirina;

- si algún médico le ha dicho que no tome aspirina;

- si está tomando algún anticoagulante, como warfarina o cumarina (Coumadin®) o antiagregantes plaquetarios;

- si tiene una úlcera en el estómago o antecedentes de vomitar con sangre.

Si responde que sí a cualquiera de estas preguntas, NO dé aspirina a la persona.

Si la persona responde negativamente a TODAS estas preguntas, el socorrista no profesional puede ofrecerle dos aspirinas masticables (de 81 mg cada una).

NOTA: *Estas instrucciones no reemplazan el consejo médico. Consulte a un profesional médico antes de usar aspirina.*

Paro cardíaco

La Cruz Roja Americana recomienda enfáticamente inscribirse en un curso de RCP/DEA para aprender a dar reanimación cardiopulmonar y usar un desfibrilador externo automatizado.

Señales:

- La persona no responde (está inconsciente).
- No hay signos de vida (movimiento o respiración).

NOTA: *La respiración irregular, entrecortada o poco profunda no es eficaz.*

Reanimación cardiopulmonar (RCP)
Atención:

- REVISE el lugar y a la persona.
- LLAME AL 9-1-1 o al número local de emergencias.
- Incline la cabeza y levante la barbilla de la persona para abrir la vía respiratoria.
- Compruebe si hay signos de vida durante un máximo de 10 segundos; luego, dé dos soplos de respiración de salvamento.
- Comience la RCP:
  - Si usted no quiere, no puede o no sabe dar RCP completa (con soplos de respiración de salvamento), dé compresiones continuas en el pecho después de llamar al servicio médico de emergencia. Continúe dando compresiones en el pecho hasta que llegue el servicio médico de emergencia o haya un signo de vida evidente.

Para dar RCP:

1. Dé 30 compresiones en el pecho. Presione hacia abajo de forma rápida y profunda (alrededor de 2 pulgadas en un adulto).

2. Dé 2 soplos de respiración de salvamento. (Use una barrera de respiración para RCP, si dispone de una.)
   - Inclínele la cabeza hacia atrás y levántele la barbilla. Luego, tápele la nariz apretando con el pulgar y el índice.
   - Presione sus labios alrededor de la boca de la persona para formar un sello hermético.
   - Dé 2 soplos de respiración de salvamento, de alrededor de 1 segundo de duración cada uno, hasta que el pecho suba claramente.

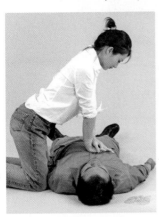

3. Continúe dando ciclos de 30 compresiones en el pecho y 2 soplos de respiración de salvamento hasta que:
   ○ el lugar se vuelva peligroso;
   ○ observe algún signo de vida evidente, como respiración normal;
   ○ haya un DEA listo para usar;
   ○ usted esté demasiado agotado para continuar;
   ○ llegue otro socorrista capacitado que lo releve.

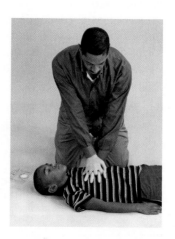

RCP para niños (menores de 12 años de edad):
Comprima el pecho a alrededor de una pulgada y media.

RCP para bebés (menores de 1 año de edad):

- Coloque dos o tres dedos sobre el pecho del bebé y dé compresiones a una profundidad de media a una pulgada.

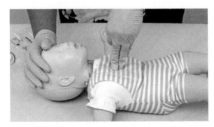

- Al dar soplos de respiración de salvamento, presione los labios alrededor de la boca y la nariz del bebé para formar un sello hermético.

Uso del DEA en adultos o niños
Atención:

Si tiene un DEA listo:

- Encienda el DEA.
- Seque el pecho de la persona.
- Coloque los electrodos sobre el pecho desnudo de la persona.
- Enchufe el cable de los electrodos, si fuera necesario.
- Asegúrese de que nadie, ni siquiera usted, esté tocando a la persona. Avise: "¡Apártense!"
- Oprima el botón "analizar", si es necesario. Deje que el DEA analice el ritmo cardíaco.

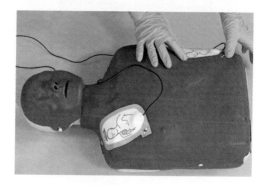

Si el DEA recomienda una descarga:

- Asegúrese de que nadie, ni siquiera usted, esté tocando a la persona.

- Avise: "¡Apártense!"

- Oprima el botón de descarga ("shock"), si es necesario.

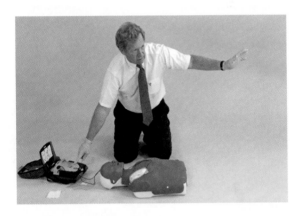

Después de la descarga:

- Dé 5 ciclos o unos 2 minutos de RCP (30 compresiones en el pecho y 2 soplos de respiración de salvamento por ciclo).

- Deje que el DEA vuelva a analizar el ritmo cardíaco.

- Si el DEA indica que no se recomienda una descarga, dé 5 ciclos o unos 2 minutos de RCP.

- Siga las indicaciones del DEA.

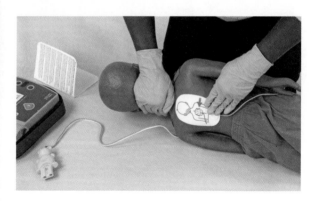

NOTA: *Use DEA equipados con electrodos pediátricos en niños que tengan entre 1 y 8 años de edad o que pesen menos de 55 libras (25 kg).*

NOTA: *Si los electrodos se tocan entre sí, coloque un electrodo en el pecho y otro en la espalda del niño.*

EMERGENCIAS RELACIONADAS CON EL CALOR

Calambres por calor

Señales:

- Espasmos musculares dolorosos, generalmente en las piernas o el abdomen

Atención:

- Traslade a la persona a un lugar fresco.
- Dele de beber agua fría.
- Estire un poco el músculo y masajéelo suavemente.

Agotamiento por calor (fase temprana)

Señales:

- Piel fría, húmeda, pálida o enrojecida
- Dolor de cabeza, náuseas, mareo
- Debilitamiento, agotamiento
- Sudoración intensa

Golpe de calor (fase tardía)

Señales:

- Piel roja, caliente, seca o húmeda
- Cambios en el nivel de consciencia
- Vómitos

Atención:

- Traslade a la persona a un lugar fresco.
- Aflójele la ropa ceñida o quítele la ropa empapada de sudor.
- Aplique toallas frías mojadas en la piel o humedezca con agua fría y abanique a la persona.
- Si la persona está consciente, dele de beber pequeñas cantidades de agua fría.
- Si la persona no mejora rápidamente, rechaza el agua, vomita, empieza a perder el conocimiento o muestra síntomas de golpe de calor (fase tardía):
  - LLAME AL 9-1-1 o al número local de emergencias y coloque a la persona de costado.

- ◦ Siga enfriando a la persona colocándole hielo o compresas para aplicar frío en las muñecas, los tobillos, las ingles y el cuello, así como en las axilas.

- ◦ Si la persona pierde el conocimiento, esté preparado para dar RCP (ver RCP y DEA, páginas 48 a 55).

EMERGENCIAS RELACIONADAS CON EL FRÍO

Congelación

Señales:

- Falta de sensibilidad en la zona afectada.
- La piel parece de cera, está fría al tacto o descolorida (enrojecida, blanca, grisácea, amarilla o azul).

Atención:

- REVISE el lugar y a la persona.
- LLAME AL 9-1-1 o al número local de emergencias.
- Trate de quitarle las joyas o la ropa ceñida a la persona.

- Caliente la zona afectada con cuidado remojándola en agua tibia (100 a 105 °F, es decir 37,8 a 40,5 °C) hasta que recupere el color normal y note la zona caliente.

100 a 105 °F

(37,8 a 40,5 °C)

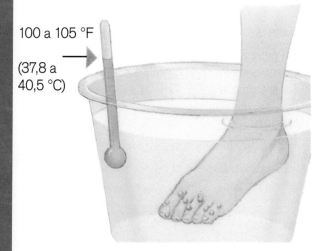

- Vende la zona, sin apretar, con apósitos estériles y secos.

- Si la persona tiene los dedos de las manos o de los pies congelados, coloque gasa estéril y seca entre ellos para mantenerlos separados.

- Si hay ampollas, evite romperlas.

- NUNCA frote la zona afectada.

Hipotermia

Señales:

- Escalofríos, entumecimiento, mirada vidriosa
- Apatía, debilidad, pérdida de capacidad de razonamiento
- Pérdida del conocimiento

Atención:

- REVISE el lugar y a la persona.
- LLAME AL 9-1-1 o al número local de emergencias.
- Atienda las condiciones de peligro de muerte (ver RCP, página 48 o DEA, página 52), si es necesario.
- Traslade CON CUIDADO a la persona a un lugar caliente.
- Quítele la ropa mojada y seque a la persona.
- Caliente a la persona LENTAMENTE envolviéndola con mantas o poniéndole ropa seca.

- Si la persona está consciente, dele de beber líquidos tibios que no contengan alcohol ni cafeína.
- NO CALIENTE A LA PERSONA DEMASIADO DEPRISA como, por ejemplo, sumergiéndola en agua tibia. El calentamiento rápido puede causar ritmos cardíacos peligrosos.

ENFERMEDAD REPENTINA

ATIENDA primero las condiciones de peligro de muerte. Luego:

- Ayude a la persona a descansar en la postura más cómoda.
- Tranquilícela.
- Evite que la persona tenga demasiado frío o calor.
- Observe los cambios en el nivel de consciencia y en la respiración.

Emergencia diabética

Atención:

- Si la persona está consciente, dele azúcar (por ejemplo, jugo de fruta, refrescos no dietéticos, azúcar de mesa, glucosa en pasta, tabletas de glucosa).
- Si el estado de la persona no mejora con rapidez (en unos 5 minutos), o pierde el conocimiento, LLAME AL 9-1-1 o al número local de emergencias.
  - ° NO le dé nada de comer ni de beber si la persona está inconsciente.

Desmayo

Atención:

- REVISE el lugar y a la persona.
- LLAME AL 9-1-1 o al número local de emergencias.
- Coloque a la persona boca arriba y elévele las piernas unas 12 pulgadas si no sospecha que tiene lesiones en la cabeza, el cuello o la espalda.
- Aflójele la ropa ceñida.
- Controle la respiración de la persona.
- No le dé nada de comer ni de beber.

Convulsiones

Atención:

- Si sabe que la persona tiene epilepsia, es posible que no necesite llamar al 9-1-1. Sin embargo, deberá llamar si:
  - las convulsiones duran más de 5 minutos o se repiten;
  - la convulsión se produce después de un aumento rápido en la temperatura corporal de la persona;
  - la persona no recobra el conocimiento;
  - la persona está embarazada, es diabética o está lesionada;
  - la persona nunca antes había tenido convulsiones;
  - la persona presenta condiciones de peligro de muerte.
- No sostenga ni inmovilice a la persona ni ponga nada en la boca o entre los dientes.

- Retire los objetos cercanos con los que podría lastimarse.
- Protéjale la cabeza apoyándola sobre un almohadón delgado.
- Controle la respiración y las lesiones de la persona cuando cesen las convulsiones.
- Tranquilice a la persona y quédese con ella hasta que haya recuperado totalmente el conocimiento o llegue ayuda.

ENVENENAMIENTO

Si sospecha envenenamiento:

Atención:

- REVISE el lugar y a la persona.
- Si la persona está consciente, LLAME al Centro Nacional de Control de Envenenamientos al 1-800-222-1222 y siga las instrucciones que le den.

Si la persona está inconsciente, hay cambios en el nivel de consciencia o si existe otra circunstancia de peligro de muerte:

- LLAME AL 9-1-1 o al número local de emergencias.
- ATIENDA las condiciones de peligro de muerte.
- Intente averiguar qué tipo de veneno ha ingerido la persona, la cantidad que ha tomado y cuándo lo ha tomado. Busque envases sospechosos y téngalos a mano cuando llame por teléfono.
- NO le dé nada de comer ni de beber a menos que el Centro Nacional de Control de Envenenamientos o el servicio médico de emergencia así lo indique.

ESTADO DE SHOCK

Señales:

- Nerviosismo o irritabilidad
- Náuseas o vómitos
- Mareo, confusión o pérdida del conocimiento
- Piel pálida o lívida, fría y húmeda
- Color azulado en los labios y las uñas de las manos
- Respiración y pulso rápidos

Atención:

- REVISE el lugar y a la persona.
- LLAME AL 9-1-1 o al número local de emergencias.
- Vigile la vía respiratoria, la respiración y la circulación.
- Controle el sangrado externo.
- Procure que la persona no tenga frío ni demasiado calor.

- Eleve las piernas de la persona unas 8 a 12 pulgadas por encima del suelo, si no sospecha que tiene lesiones en la cabeza, el cuello o la espalda ni huesos rotos en las caderas o en las piernas.

- Tranquilice a la persona hasta que llegue el personal del servicio médico de emergencia.

LESIONES DE MÚSCULOS, HUESOS Y ARTICULACIONES

Si la persona no puede mover ni usar alguna parte del cuerpo (entablillado):

- Inmovilice la parte lesionada.
- Entablille *sólo* si debe mover o trasladar a la persona y siempre que pueda hacerlo sin causarle más dolor.
- Entablille la parte lesionada en la posición en que la encontró.
- Busque atención médica si la lesión parece grave. LLAME AL 9-1-1 o al número local de emergencias si no es posible trasladar a la persona de manera segura.

Si sospecha que la persona tiene una lesión de músculos, huesos o articulaciones:

- *Reposo.* No mueva la zona lesionada.

- *Inmovilización.* Entablille el brazo o la pierna si debe mover a la persona y siempre que pueda hacerlo sin causarle más dolor.

- *Frío.* Aplique hielo sobre la zona lesionada durante períodos de unos 20 minutos para controlar el dolor y la hinchazón. Coloque una barrera fina entre el hielo y la piel descubierta.

- *Elevación.* NO eleve la parte del cuerpo lesionada si causa más dolor.

LESIONES EN LA CABEZA, EL CUELLO O LA ESPALDA

Señales:

- La persona ha tenido un accidente con un vehículo de motor.

- Se ha lesionado al caer desde una altura superior a la de una persona de pie.

- Se queja de dolor en el cuello o la espalda.

- Tiene sensación de hormigueo o debilidad en las manos, los dedos, y en los pies o los dedos de los pies.

- No está totalmente alerta.

- Parece estar intoxicada.

- Se ve frágil o mayor de 65 años de edad.

Atención:

- REVISE el lugar y a la persona.
- Pida el consentimiento de la persona para atenderla.
- LLAME AL 9-1-1 o al número local de emergencias.
- Reduzca al mínimo el movimiento de la cabeza, el cuello y la espalda.
- Sostenga con las manos la cabeza de la persona en la posición en que la encontró.

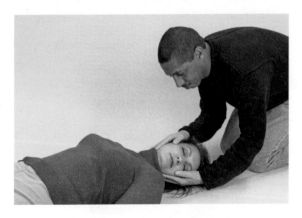

LESIONES OCULARES

Señales:

- Presencia de un objeto o sustancia en el ojo
- Dolor, ardor
- Lágrimas

Atención:

- REVISE el lugar y a la persona.
- Si hay un objeto incrustado en el ojo:
  - LLAME AL 9-1-1 o al número local de emergencias.
  - NO intente sacar ningún objeto que se haya incrustado en el ojo.
  - Coloque un apósito estéril alrededor del objeto.
  - Estabilícelo, por ejemplo, con un vaso de papel.
  - Ponga una venda sin apretar y no presione en el ojo ni el globo ocular afectados.

- Si hay un cuerpo extraño pequeño en el ojo, como arena u otros restos pequeños:
  - Pida a la persona que parpadee varias veces para intentar que salga el objeto.
  - Enjuague suavemente el ojo con agua.
  - Busque atención médica si el objeto no sale.
- Si hay sustancias químicas en el ojo:
  - LLAME AL 9-1-1 o al número local de emergencias.
  - Enjuague el ojo con agua hasta que llegue el personal del servicio médico de emergencia.

NOTA: *Enjuague siempre echando el agua al lado contrario del ojo sano.*

MORDEDURAS Y PICADURAS

Mordeduras de animales

Atención:

- Lave la herida con agua y jabón si el sangrado es leve.

- Controle el sangrado.

- Aplique pomada o crema antibiótica triple, si la persona no tiene alergias o sensibilidades conocidas al medicamento.

- Cubra la zona con un apósito.

- Busque atención médica inmediata si la herida sangra profusamente o si cree que el animal podría tener rabia.

- LLAME AL 9-1-1 o al número local de emergencias o comuníquese con la autoridad local para el control de animales.

NOTA: *Es posible que un animal tenga rabia si tiene baba, parece parcialmente paralizado, o se comporta de forma agresiva o extraña.*

Picaduras de insectos
Señales:

- Aguijón o marca de la picadura
- Dolor
- Hinchazón o sangrado
- Náuseas o vómitos

Atención:

- Quite el aguijón.
  - ° En caso de picadura de abeja, extraiga el aguijón raspándolo con una superficie plana, como una tarjeta de plástico.
  - ° De lo contrario, sáquelo cuidadosamente con una pinza.
- Lave la herida con agua y jabón.
- Cubra la zona con un apósito.
- Aplique hielo o una compresa fría.

NOTA: *Observe a la persona por si aparecen reacciones alérgicas (ver* Alergia, reacción grave, *página 31).*
LLAME AL 9-1-1 o al número local de emergencias si es necesario.

Mordeduras de serpientes

Atención:

En caso de mordedura de crótalo (como una serpiente de cascabel, una víbora cobriza o un mocasín boca de algodón):

- LLAME AL 9-1-1 o al número local de emergencias.
- Lave la herida.
- No mueva la zona afectada y manténgala a una altura inferior a la del corazón.

En caso de mordedura de una serpiente de la familia de los elápidos (por ejemplo, una serpiente de coral):

- Siga los pasos anteriores y:
  - Aplique un rollo de venda elástica ajustado pero no demasiado apretado. Compruebe la sensibilidad, el calor y el color de la zona antes y después de colocar la venda.
  - Comience a envolver la herida en el punto más alejado del corazón.

Picaduras de arañas y escorpiones

Señales:

- Marca de la picadura
- Hinchazón
- Dolor
- Náuseas o vómitos
- Dificultad para respirar o tragar (*ver* Alergia, reacción grave, página 31)

Atención:

- Lave la herida.
- Cubra la herida con gasa.
- Aplique hielo o una compresa fría.
- LLAME AL 9-1-1 o al número local de emergencias.

MORETONES

Atención:

- REVISE el lugar y a la persona.

- Pida el consentimiento de la persona para atenderla.

- Aplique hielo o una compresa fría para controlar el dolor y la hinchazón.

- Llene de hielo una bolsa de plástico o envuelva hielo en un paño húmedo y aplíquelo a la zona lesionada durante periodos de unos 20 minutos.

- Coloque un trozo de tela o una barrera delgada, como una gasa, entre el hielo y la piel descubierta para evitar lesiones.

- Eleve la parte lesionada para reducir la hinchazón. NO eleve la parte del cuerpo lesionada si causa más dolor.

OBJETOS INCRUSTADOS

Señales:

- Dolor
- Objeto visible en la herida abierta
- Sangrado

Atención:

- REVISE el lugar y a la persona.
- Pida a alguien que LLAME AL 9-1-1 o al número local de emergencias.
- Pida el consentimiento de la persona para atenderla.
- NO SAQUE EL OBJETO.
- Coloque apósitos grandes alrededor del objeto para evitar el desplazamiento del objeto incrustado.
- Use venda en rollo para sostener el apósito en su lugar.

QUEMADURAS

LLAME AL 9-1-1 o al número local de emergencias si la persona presenta:

- dificultad para respirar;
- quemaduras que afectan a más de una parte del cuerpo o a una superficie extensa;
- quemaduras en la cabeza, el cuello, las manos, los pies o los genitales;
- quemaduras (salvo las muy leves) en niños (menores de 5 años) o personas de edad avanzada (personas de más de 60 años);
- quemaduras producidas por sustancias químicas, explosiones o electricidad;
- quemaduras en la boca y la nariz.

Señales:

- La piel está enrojecida y seca.
- Normalmente duele y la zona puede inflamarse.

Cómo reconocer una quemadura profunda (grave):

- La piel está roja y hay ampollas que podrían romperse y soltar un líquido claro.
- La piel podría estar marrón o negra.
- Puede ser muy dolorosa o relativamente indolora.

Atención para quemaduras térmicas (por calor)

Atención:

- REVISE el lugar y a la persona.

- Pida el consentimiento de la persona para atenderla.

- Detenga la causa de la quemadura. Apague el fuego o aleje a la persona de la fuente de la quemadura.

- Enfríe la quemadura con abundante agua fría.

- Cubra la quemadura, sin apretar, con un apósito estéril y dé atención para el estado de shock (ver Estado de shock, página 69).

- En caso de una quemadura grave o descarga eléctrica, LLAME AL 9-1-1- o al número local de emergencias.

Atención para quemaduras químicas

- *Si la piel ha entrado en contacto con sustancias químicas líquidas, enjuague la piel o los ojos con abundante agua corriente fría.*

- *Las sustancias químicas secas que causan quemaduras deben eliminarse primero de la piel con las manos enguantadas y enjuagarse después con agua del grifo.*

Atención para quemaduras eléctricas

- Corte el suministro eléctrico en su origen.

- Esté preparado para dar reanimación cardiopulmonar (RCP) (ver RCP, página 48) o utilizar un desfibrilador externo automatizado (DEA) (ver Uso del DEA en adultos o niños, página 52) y DÉ ATENCIÓN para el estado de shock (ver Estado de shock, página 69).

- DÉ ATENCIÓN para el estado de shock y atienda las quemaduras térmicas (por calor) (ver Estado de shock, página 69).

NOTA: *Todas las personas que han sufrido una descarga eléctrica necesitan atención médica avanzada.*

ROTURA O PÉRDIDA DE DIENTES

Atención:

- Si la persona está consciente, pídale que se enjuague la boca con agua fría, si puede.

- Haga que la persona muerda un apósito estéril enrollado y colocado en el hueco del diente (o los dientes) para detener el sangrado.

- Guarde los dientes desplazados. Ponga el diente en leche, si es posible, o en agua fría. Tome con cuidado el diente por la parte blanca de arriba (corona), no por la parte de abajo (raíz).

- Lleve a la persona a un dentista lo antes posible (en un plazo de 30 a 60 minutos después haber sufrido la lesión).

SANGRADO Y HERIDAS LEVES

Sangrado (externo)
LLAME AL 9-1-1 o al número local de emergencias si:

- El sangrado no cesa.
- Las heridas dejan al descubierto músculos, huesos o afectan articulaciones, manos o pies.
- Las heridas son grandes o profundas.
- Hay objetos grandes o incrustados profundamente en la herida.
- Hay lesiones causadas por mordeduras de seres humanos o animales.
- Hay partes de la piel o del cuerpo total o parcialmente desgarradas.

Atención:
- REVISE el lugar y a la persona.
- Pida el consentimiento de la persona para atenderla.
- Cubra la herida con un apósito estéril y aplique presión directa. Use guantes desechables u otra barrera limpia similar para evitar el contacto con la sangre u otros líquidos corporales.
- Cubra el apósito con una venda y aplique presión directa sobre la herida hasta que cese el sangrado.

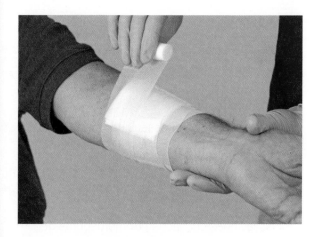

NOTA: *Lávese siempre las manos con agua y jabón inmediatamente después de atender a la persona, incluso si usa guantes desechables.*

Si el sangrado no se detiene:

- Coloque más apósitos y vendas y aplique más presión.

- LLAME AL 9-1-1 o al número local de emergencias.

- DÉ ATENCIÓN para el estado de shock (ver Estado de shock, página 69).

Heridas leves (cortaduras, rozaduras y abrasiones)

Atención:

- REVISE el lugar y a la persona.
- Pida el consentimiento de la persona para atenderla.
- Use una barrera al aplicar presión directa para controlar el sangrado.
- Lave la herida con agua y jabón. Si es posible, irrigue la zona unos 5 minutos con agua corriente limpia del grifo.
- Aplique pomada o crema antibiótica triple, si la persona no tiene alergias o sensibilidades conocidas al medicamento.
- Cubra la herida con un apósito estéril y una venda.

NOTA: *Lávese siempre las manos con agua y jabón inmediatamente después de atender a la persona. Si no dispone de medios para lavarse las manos, use un antiséptico a base de alcohol.*

Hemorragias nasales

Atención:

- Haga que la persona se siente ligeramente inclinada hacia delante.
- Apriete las fosas nasales por unos 10 minutos.
- Aplique una bolsa de hielo en el puente de la nariz.

Si el sangrado no se detiene:

- Aplique presión sobre el labio superior, justo debajo de la nariz.
- Busque atención médica.

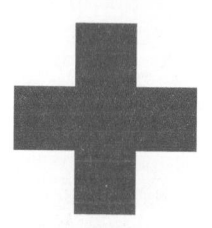

American
Red Cross

First Aid Essentials

Be Red Cross **Ready**

A MediMedia USA Company

The National Disaster Education Coalition's publication, *Talking About Disaster: A Guide for Standard Messages,* also serves as the basis of the disaster preparedness information contained in this booklet.

This guide is not a substitute for materials used in American Red Cross courses in which First Aid or CPR/AED certification is given.

American Red Cross

First Aid Essentials

Be Red Cross Ready

American Red Cross' Advisory Council on First Aid, Aquatics, Safety and Preparedness (ACFASP)

In late 1998, the American Red Cross formed an independent panel of nationally recognized health and safety experts known as the Advisory Council on First Aid, Aquatics, Safety and Preparedness or ACFASP. Drawing on a body of collective expertise from such diverse fields as emergency medicine, occupational health, sports medicine, school health, EMS response and disaster mobilization, ACFASP was designed as a conduit to establish the standard in first aid care. ACFASP was charged to advise the American Red Cross in areas related to the development and dissemination of audience-appropriate information and training in first aid and safety.

Table of Contents

EMERGENCY PHONE NUMBERS

**Emergency Medical Services (EMS):
9-1-1 or the local emergency number:**

_____

Police:

_____

Fire:

_____

Doctor:

_____

Dentist:

_____

Poison Control: (or 800-222-1222)

_____

PERSONAL INFORMATION

Address:

_____

Telephone:

_____

Mobile Phone:

_____

Emergency Contact Numbers:

_____

Prescribed Medications:

_____

Over-the-Counter Medications:

_____

Allergy Information:

_____

Medical Conditions:

_____

BE RED CROSS READY!

Be Red Cross Ready represents the cooperative efforts of the American Red Cross and the U.S. Department of Homeland Security's (DHS) Ready Campaign to encourage people to be prepared for a disaster or other emergency. It is important that you be prepared at all times. Natural or human-caused disasters can strike without warning, at any time and anywhere.

Here are 3 actions everyone can take to Be Red Cross Ready:

- Get a **kit.**
- Make a **plan.**
- Be **informed.**

To learn more or to contact your local Red Cross chapter, visit the American Red Cross Web site at *www.redcross.org.*

TAKE EMERGENCY ACTION

Get a Kit

Have at least 3 days of supplies in an easy-to-carry evacuation kit per individual, with additional supplies on hand. Check your kit and replace the stock every 6 months.

An easy way to get your kit started is to contact your local Red Cross chapter or go online to ***www.redcross.org*** to order an emergency preparedness kit.

If you purchase a kit or choose to build your own, make sure it includes—

Water. At least 1 gallon per person per day.

Food. Non-perishable, high-protein items, such as energy bars, ready-to-eat soup, peanut butter, etc. Stock foods that require no refrigeration, preparation or cooking and little or no water.

Flashlight. Hand-crank and alternative-energy options are available. Include extra batteries, if applicable.

First aid kit. Include a first aid reference guide.

Medications. Both prescription and non-prescription medication items.

Radio. Include extra batteries or use a hand-crank radio.

Tools. Wrench to turn off gas, if necessary, a manual can opener, screwdriver, hammer, pliers, knife, duct tape, plastic sheeting and garbage bags.

Clothing. A change of clothes for everyone, including sturdy shoes and gloves.

Personal items. Copies of important papers, including identification cards, insurance policies,

(continued)

birth certificates, passports, etc.; eyeglasses, contact lenses and solution; and comfort items such as toys and books, if pertinent.

Sanitary supplies. Toilet paper, towelettes, feminine supplies, personal hygiene items, bleach, etc.

Money. Have cash. (ATMs and credit cards won't work if the power is out.)

Contact information. A current list of family phone numbers and e-mail addresses, including someone out of the area who may be easier to reach if local phone lines are out of service or overloaded.

Pet supplies. For each pet, include food, water, a collar, a leash, cage or carrier, litterbox or plastic bags, tags, any medications and vaccination information.

(continued)

Map. Mark an evacuation route from your local area.

Store your disaster supplies in sturdy, yet easy-to-carry, containers and in a place that is easily accessible. Keep a smaller version of the kit in your vehicle. If you become stranded, or are unable to return home, having some items with you will help you be more comfortable until help arrives.

Make a Plan

Plan ahead for the best possible disaster response.

Talk. Discuss with your family the disasters that can happen where you live. Establish responsibilities for each member of your household and plan to work together as a team. Designate alternates

in case someone is absent. If a family member is in the military, also plan for how you will respond if they are deployed. Include the local military base resources that may be available.

Plan. Choose 2 places to meet after a disaster:

- Right outside your home, in case of a sudden emergency, such as a fire.
- Outside your neighborhood, in case you cannot return home or are asked to evacuate.

Learn. Each adult in your household should learn how and when to turn off utilities such as electricity, water and gas. Ask your local fire department to show you how to use a fire extinguisher. Notify everyone in the household where emergency information and supplies are kept. Make copies of the information for each person to carry. Keep the information updated. Practice evacuating your home twice a year. Drive

(continued)

your planned evacuation route and plot alternate routes on a map in case main roads are impassable or gridlocked.

Include your pets. If you must evacuate, take your animals with you. If it is not safe for you to remain, it is not safe for them.

Support your community. Support your community plans by volunteering in the community and by giving blood. More than one million people in the United States serve their communities.

They come from all walks of life and backgrounds and are of all ages. Red Cross volunteers help people in emergencies. They teach first aid classes and organize blood drives. They connect members of the armed forces stationed overseas with their families during major family events. These vital community services are made possible by people like you. Contact your local Red Cross chapter and ask how you can help.

Give blood. Blood is needed in times of emergency, but the ongoing need is also great. Every 2 seconds someone in the United States needs a blood transfusion—cancer patients, accident victims, premature infants and the list goes on. It's important to have an adequate blood supply available at all times. Support your community blood supply by calling 1-800-GIVE LIFE (1-800-448-3543) or visit *www.givelife.org* and make an appointment to donate blood today.

Be Informed

Know what can happen and how you can help.

Learn what disasters or emergencies can occur where you live, work and play. These events can vary from those that affect only you and your family, such as a home fire or medical

(continued)

emergency, to those that affect your entire community, such as an earthquake or flood.

Identify how local authorities will notify you during a disaster and how you will get important information, whether through local radio, TV or National Oceanic and Atmospheric Administration (NOAA) weather radio stations or channels.

Learn what you can do to prepare for disasters. Contact your local Red Cross chapter to ask about first aid, CPR and disaster training. Learn basic first aid techniques so you will have the skills and confidence to help when someone in your home, neighborhood or workplace is injured.

If a major disaster occurs, your community will change in an instant. Loved ones might be injured and emergency response might be delayed. Make sure that at least one member of your household is trained in first aid and CPR and knows how to use an automated external defibrillator (AED).

(continued)

Disaster preparedness presentations provide more specific information on how to prepare for disasters in your community. Contact your local American Red Cross chapter for details.

Share what you have learned with your family, household and neighbors and encourage them to be informed, too.

Family First Aid Kit

Checklist	Quantity	Suggested Use
Absorbent Compress 5" x 9" dressing	2	Protect open wounds
Adhesive Bandages (assorted sizes)	25	Protect open wounds
Adhesive Tape (cloth) 1"	10 yards	Secure bandages or splints
Alcohol-based Hand Sanitizer	4 packets	Hand hygiene
Antiseptic Wipe Packets	5	Wound cleaning/ germ killer
Aspirin (chewable) 81 mg	2	Heart attack symptoms**
Blanket (space blanket)	1	Maintain body temperature
CPR Breathing Barrier (with one-way valve)	1	Protection during rescue breathing
Instant Cold Compress	1	Control swelling
Gloves (large), disposable, nonlatex	2 pair	Prevent body fluid contact

NOTE: *Aspirin may be given if medically appropriate, but you must not delay calling 9-1-1 (see pp. 47-48).*

(continued)

Family First Aid Kit Checklist

Checklist	Quantity	Suggested Use
Hydrocortisone Ointment Packets (approx. 1 g ea.)	2	External rash treatment
Scissors	1	Cut tape, cloth or bandages
Roller Bandage 3" (individually wrapped)	1	Secure wound dressing
Roller Bandage 4" (individually wrapped)	1	Secure wound dressing
Sterile Gauze Pad 3" x 3"	5	Control external bleeding
Sterile Gauze Pad 4" x 4"	5	Control external bleeding
Thermometer, Oral (non-mercury/non-glass)	1	Take temperatures orally
Triangular Bandage	2	Sling or binder/splinting
Triple Antibiotic Ointment Packets (approx. 1 g ea.)	5	Anti-infection
Tweezers	1	Remove splinters or ticks
First Aid Instruction Booklet	1	Self-explanatory

One-Person, 3-Day Emergency Preparedness Kit Checklist	Quantity	Suggested Use
Battery-Powered Flashlight (two D-cell or equivalent [3 volt])	1	Provide light
Battery-Powered Radio	1	Source for news and safety instructions
Batteries-AAA cell	4	Power for radio
Batteries-D cell	2	Power for flashlight
Emergency Blanket (reflective, approx. 4.5' x 7')	1	Capture body heat
Emergency Preparedness Booklet	1	Self-explanatory
Food Bars (60% total of protein and carbohydrates)	4,800 cal	Source of nourishment
Gloves, work, leather or similar	2 pair	Protect hands
Light Stick (green or yellow, 12-hour)	3	Chemical-powered light source

(continued)

One-Person, 3-Day Emergency Preparedness Kit Checklist	Quantity	Suggested Use
Moist Towelettes (individually wrapped)	6	Clean body or hands
N95 Breathing Mask (NIOSH-42 CFR Part 84 certified)	1	Protect from inhaling dust particles
Plastic Sheeting (approx. 4 mil thick, 10' x 10')	1	Cover openings to shelter-in-place
Rain Poncho (adult-sized)	1	Protect clothing from rain/snow
Small First Aid Kit (personal kit as described)	1	First aid emergency supplies
Small Roll of Duct Tape (2" x 90')	1	Seal plastic sheeting
Water/Water Containers	3 gal.	Hydrate the body
Whistle (plastic, "pealess")	1	Help rescuers locate you

EMERGENCY ACTION STEPS

Emergencies are often signaled by something unusual that catches your attention.

- Unusual Noises
- Unusual Sights
- Unusual Odors
- Unusual Appearances or Behaviors

In an emergency, you may be frightened, confused and not sure what to do. Stay calm; you can help. **The Emergency Action Steps** can help you respond effectively:

1. **CHECK** the scene for safety and the victim for life-threatening conditions.
2. **CALL** 9-1-1 or the local emergency number.
3. **CARE** for the victim.

(continued)

Check the scene for safety, then CHECK the victim.

- Check the victim for consciousness, signs of life (movement and breathing) and severe bleeding.
  - First, ask a conscious victim for permission to help.
  - If he is unconscious, permission is implied.
  - If the victim is a child, get permission to give care from the child's parent or guardian, if present.
  - If the parent or guardian is not present, consent is implied.

- ***Do Not move the victim*** *unless*:
  - The scene is becoming unsafe.
  - You must in order to provide proper first aid.
  - You have to reach another, more seriously injured person.

(continued)

- If you must move a victim:
  - Do so carefully without twisting or bending his or her body.
  - If you are alone, use the victim's clothes to drag him or her to safety, while supporting the head and neck as much as possible.

When to Call
Life-threatening conditions demand quick action.

Call 9-1-1 or the local emergency number if the victim—

- Is or becomes unconscious
- Has trouble breathing
- Has chest pain or pressure that lasts more than 3 to 5 minutes, or pain that goes away and comes back
- Is bleeding severely
- Has a severe (critical) burn

(continued)

- Has pressure or pain in the abdomen that does not go away
- Is vomiting blood or passing blood
- Has a seizure that lasts more than 5 minutes, or has multiple seizures
- Has a seizure and is diabetic
- Has a seizure and is pregnant
- Fails to regain consciousness after a seizure
- Has a sudden severe headache or slurred speech
- Appears to have been poisoned
- Has injuries to the head, neck or back
- Has possible broken bones

Or if the situation involves—

- Fire or explosion
- Downed electrical wires
- Swiftly moving or rapidly rising water

(continued)

- Poisonous gas
- Vehicle collisions
- People who cannot be moved easily

How to Call

- When calling 9-1-1 or the local emergency number, stay calm and give the following information:
- Your name
- The phone number from which the call is being made
- What happened

(continued)

- The exact location or address of the emergency (including intersections, landmarks, building name and/or apartment number)
- How many people are injured
- The condition of the person(s)
- What help (first aid) is being given

NOTE: *Do not hang up* until the call taker hangs up. The Emergency Medical Services call taker or dispatcher may be able to tell you what first aid to give until EMS arrives.

Return to the victim and continue to give care.

IF YOU ARE ALONE

If alone, you may have to decide whether to CALL 9-1-1 first or to give care before you call.

Call First
If alone, Call First: CALL 9-1-1 or the local emergency number before giving care, for—

- An unconscious adult or adolescent (about 12 years or older)
- An infant or child whom you see collapse suddenly
- An unconscious infant or child known to be at high risk for heart problems

NOTE: *Call First situations are likely to be cardiac emergencies, such as sudden cardiac arrest.*

Care First
If alone, Care First: give 2 minutes of care, then CALL 9-1-1 or the local emergency number for—

- An unconscious person younger than about 12 years old
- Any victim of drowning

NOTE: *Care First situations are likely to be breathing emergencies.*

Recovery Position

If you are alone and must leave the person for any reason—such as to call for help or get an automated external defibrillator (AED)—place the person in a recovery position (on one side). This will help keep the airway clear if the person vomits.

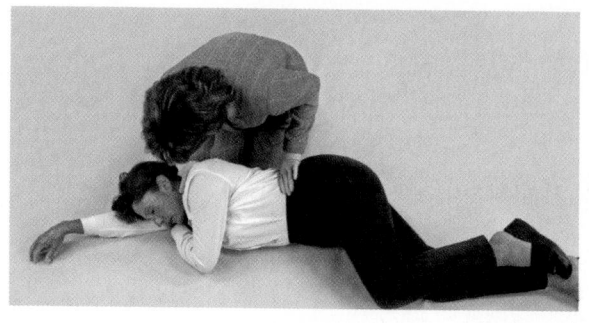

(continued)

If a head, neck or back injury is suspected—
Move the person to his or her side while keeping
the head, neck or back in a straight line by placing
the person in a modified **High Arm In Endangered Spine (H.A.IN.E.S.) position.**

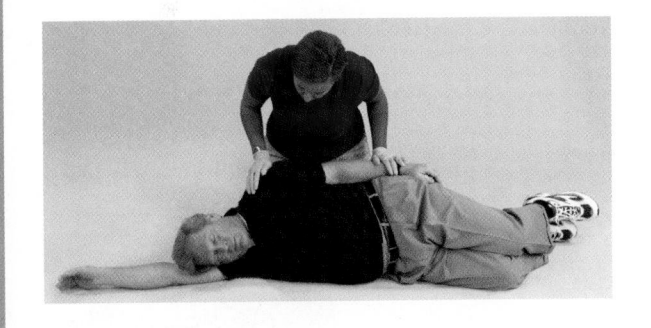

ALLERGIC REACTION—SEVERE

What to look for:

- Trouble breathing
- Feeling of tightness in chest and throat
- Swelling of face, neck and tongue
- Rash or hives
- Dizziness or confusion

What to do:

- CHECK the scene.
- CHECK the person carefully for swelling in the throat or trouble with breathing.
- Assist person with his or her medication.
- If person has trouble breathing or becomes unconscious, CALL 9-1-1 or the local emergency number immediately.

NOTE: *For a **severe** allergic reaction, if the person has a prescribed epinephrine auto-injector, you may assist with administration if you are trained to do so and local and state protocols allow. If you suspect that a person has been poisoned, call the National Poison Control Center (800-222-1222).*

BITES AND STINGS

Animal Bite

What to do:

- Wash wound with soap and water if bleeding is minor.

- Control bleeding.

- Apply triple antibiotic ointment if person has no known allergies or sensitivities to the medication.

- Cover with dressing.

- Get immediate medical attention if wound bleeds severely or if you are unsure if the animal has rabies.

- CALL 9-1-1 or the local emergency number or contact animal control.

NOTE: *Rabid animals may drool, appear partially paralyzed, or act aggressively or in a strange way.*

Insect Bite/Sting

What to look for:

- Stinger or bite mark may be present
- Pain
- Swelling and/or bleeding
- Nausea or vomiting

What to do:

- Remove stinger.
  - If a bee sting, remove stinger by scraping it away with a flat surface, such as a credit card.
  - Otherwise, carefully remove with tweezers.
- Wash wound with soap and water.
- Cover with dressing.
- Apply ice or a cold pack.

NOTE: *Be alert for possible allergic reactions (see Allergic Reaction—Severe, p. 31). CALL 9-1-1 or the local emergency number, if necessary.*

Snake Bite

What to do:

If bitten by pit viper (rattlesnake, copper-head, cottonmouth):

- CALL 9-1-1 or the local emergency number.
- Wash wound.
- Keep bitten body part still and lower than the heart.

If bitten by elapid snake (coral snake):

- Follow above steps and—
  - Apply elastic roller bandage to fit snug but not tight. Check feeling, warmth and color of limb before and after applying bandage.
  - Begin to wrap at the point farthest from the heart.

Spider Bites/Scorpion Stings

What to look for:

- Bite mark
- Swelling
- Pain
- Nausea and vomiting
- Trouble breathing or swallowing (see Allergic Reaction—Severe, p. 31)

What to do:

- Wash wound.
- Cover with gauze.
- Apply ice or a cold pack.
- CALL 9-1-1 or the local emergency number.

BLEEDING AND MINOR WOUNDS

CALL 9-1-1 or the local emergency number when—

- Bleeding cannot be stopped.
- Wounds show muscle, bone or involve joints, hands or feet.
- Wounds are large or deep.
- Large or deeply embedded objects are in wound.
- Wound caused by human or animal bites.
- Skin or body parts are partially or completely torn away.

What to do:

- CHECK the scene and the person.
- Get permission to give care.
- Cover wound with a sterile dressing and apply direct pressure. Avoid touching blood or body fluids by wearing disposable gloves or using a similar, clean barrier.

(continued)

- Cover dressing with a bandage and apply direct pressure to the wound until the bleeding stops.

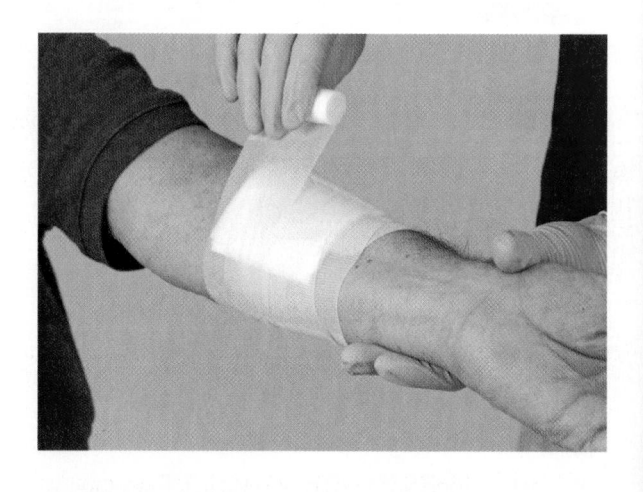

NOTE: *Always wash hands with soap and water immediately after giving care, even if you use disposable gloves.*

(continued)

If bleeding does not stop:

- Apply additional dressing and bandage, applying more pressure.
- CALL 9-1-1 or the local emergency number.
- CARE for shock (see Shock, p. 79).

Cuts, Scrapes and Abrasions (Minor Wounds)

What to do:

- CHECK the scene and the person.
- Get permission to give care.
- Use a barrier to apply direct pressure to control bleeding.
- Wash wound with soap and water. Rinse for 5 minutes with clean running tap water if possible.
- Apply a triple antibiotic ointment if person has no known allergies or sensitivities to the medication.

(continued)

- Cover wound with a sterile dressing and bandage.

NOTE: *Always wash hands with soap and water immediately after giving care. Use an alcohol-based hand sanitizer if proper hand washing is not possible.*

Nosebleed

What to do:

- Have person lean slightly forward.
- Pinch nose shut for about 10 minutes.
- Apply ice pack to bridge of nose.

If bleeding does not stop:

- Apply pressure on upper lip beneath nose.
- Seek medical care.

BRUISES

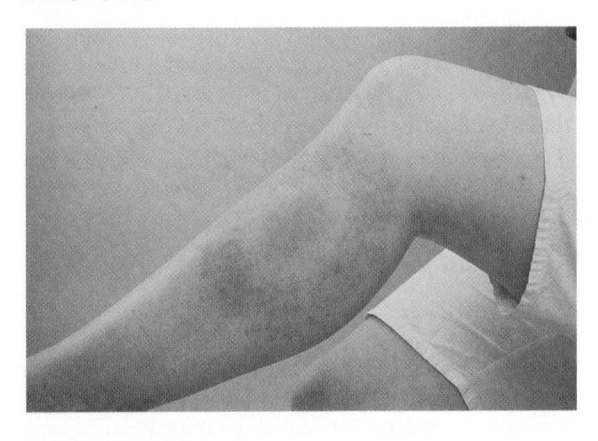

What to do:

- CHECK the scene and the person.
- Get permission to give care.
- Apply ice or a cold pack to control pain and swelling.
- Fill a plastic bag with ice or wrap ice with a damp cloth and apply it to injured area for periods of about 20 minutes.
- Place a cloth or a thin barrier, such as a gauze pad, between the source of cold and skin to prevent injury.

(continued)

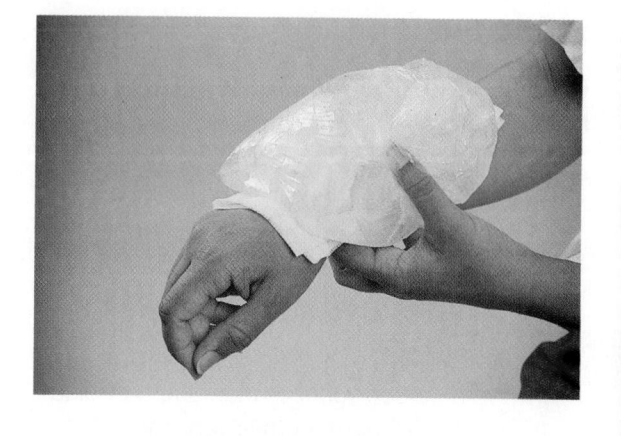

- Elevate the injured part to reduce swelling. DO NOT elevate if it causes more pain.

BURNS

CALL 9-1-1 or the local emergency number for burns that—

- Cause trouble with breathing
- Cover a large area or more than one body part
- Involve the head, neck, hands, feet or genitals
- Involve a person younger than age 5 or older than age 60 (unless burn is very minor)
- Were caused by chemicals, explosions or electricity
- Involve the mouth and nose

What to look for:

- Red and dry skin
- Area may swell and be painful

How to recognize a deep (serious) burn:

- The skin is red and has blisters that may open and weep clear fluid.
- May appear brown or black.
- Pain can range from very painful to nearly painless.

To care for a burn caused by—

Heat (thermal burns)
What to do:

- CHECK the scene and the person.
- Get permission to give care.
- Stop the burning. Put out flames or remove person from source.
- Cool the burn with large amounts of cold water.

(continued)

- Cover the burn loosely with a sterile dressing and care for shock (see Shock, p. 79).

- For a serious burn or an electric shock, CALL 9-1-1 or the local emergency number.

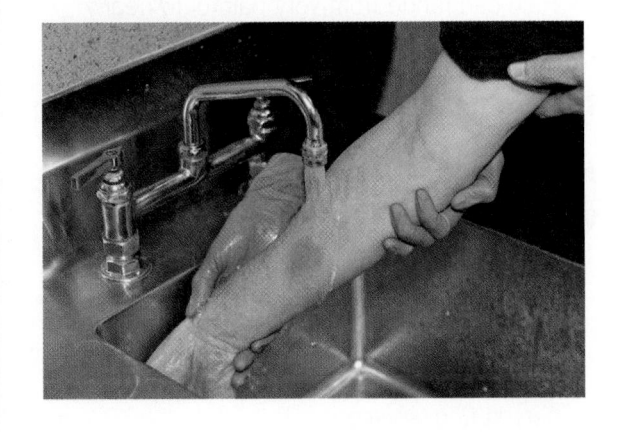

Chemicals

- *Wet Chemical*—Flush skin or eyes with large amounts of cool running tap water.
- *Dry Chemical—With gloved hands,* brush off chemical first, then flush with water.

Electricity

- Make sure power is off at its source.
- Be prepared to give CPR (see CPR, p. 49) or use an AED (see AED—Adult or Child, p. 54) and CARE for shock (see Shock, p. 79).
- CARE for shock and heat (thermal) burns (see Shock, p. 79).

NOTE: *Anyone suffering from electric shock requires advanced medical care.*

CARDIAC (HEART) EMERGENCIES

Heart Attack

What to look for:

- Persistent chest pain or discomfort lasting more than 3 to 5 minutes or that goes away and comes back
  - May spread to shoulder, arm, back, stomach, neck or jaw
- Shortness of breath
- Nausea or vomiting
- Sweating or changes in skin appearance
- Dizziness, lightheadedness or fainting
- Complaints of heartburn or indigestion
- Denial that anything serious is wrong

What to do:

- CALL 9-1-1 or the local emergency number.
- Have the person stop activity and rest.
- Help person rest in a comfortable position.
- Loosen restrictive clothing.
- Assist with prescribed medication.

Consider offering aspirin after calling 9-1-1 or the local emergency number and, if the person is conscious, ask if he or she—

- Is allergic to aspirin
- Has been advised by a physician not to take aspirin
- Takes blood thinners such as Coumadin, warfarin or anti-platelet drugs
- Has stomach ulcer disease or history of vomiting blood

(continued)

If the answer to any of these questions is "yes," DO NOT proceed with aspirin therapy.

If the answer to ALL four questions is "no," the lay rescuer should offer two chewable (81 mg each) aspirins.

NOTE: *The above instructions do not constitute medical advice. Please seek professional medical advice prior to using any aspirin therapy.*

Cardiac Arrest

The American Red Cross *strongly* recommends that you take a CPR/AED course to learn how to perform CPR and use an AED.

What to look for:

- Does not respond (unconscious)
- No signs of life (movement or breathing)

NOTE: *Irregular, gasping or shallow breaths are not effective.*

CPR—

What to do:

- Check the scene and the person.
- CALL 9-1-1 or the local emergency number.
- Tilt head back and lift chin to open airway.
- Check for signs of life (no more than 10 seconds); then give two rescue breaths.
- Begin CPR—
  - If you are unwilling, unable or untrained to give full CPR (with rescue breaths), give continuous chest compressions after EMS has been called. Continue chest compressions until EMS arrives or you find an obvious sign of life.

To give full CPR—

1. Compress chest 30 times, push down fast and deep (about 2 inches for an adult).

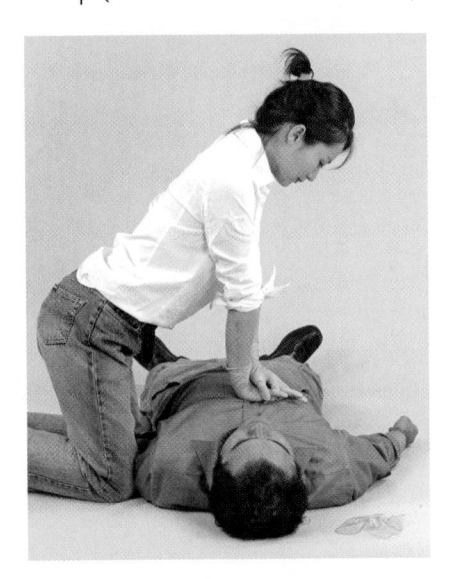

2. Give 2 rescue breaths. (Use a CPR breathing barrier if one is available.)
   - Tilt head back, lift chin, pinch nose shut.
   - Make a seal over person's mouth.
   - Give 2 rescue breaths, about 1 second each, making chest clearly rise.

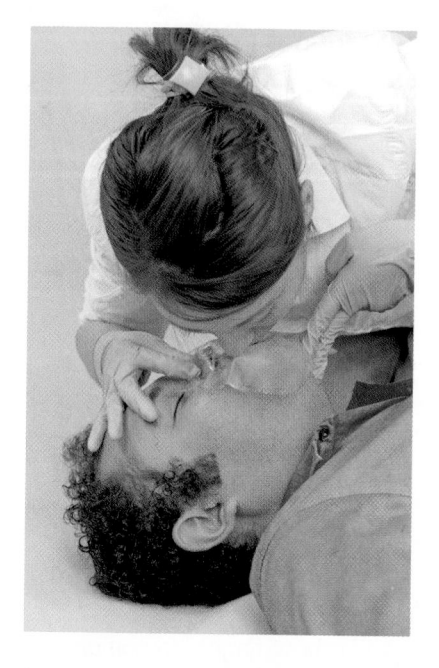

3. Continue cycles of 30 chest compressions
   and 2 rescue breaths until—
   ○ The scene becomes unsafe.
   ○ You find an obvious sign of life such as
     normal breathing.
   ○ An AED is ready to use.
   ○ You are too exhausted to continue.
   ○ Another trained responder arrives and
     takes over.

For a child (under age 12) —
Compress the chest about 1½ inches.

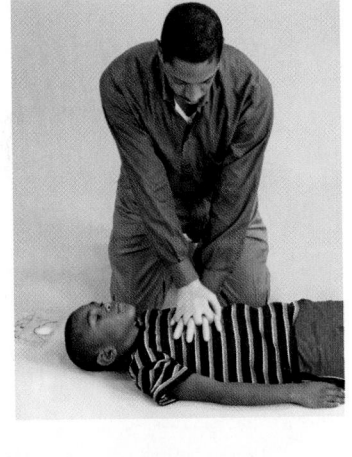

For an infant (under age 1)—
- Use two or three fingers to compress the chest about ½ to 1 inch.

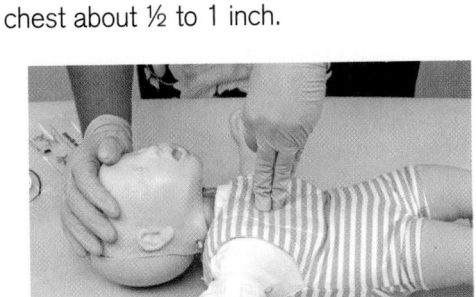

(continued)

- When giving rescue breaths, make a seal around the mouth and nose.

AED—Adult or Child

What to do:
If an AED is ready to use:

- Turn on the AED.
- Wipe chest dry.
- Attach pads to bare chest.
- Plug in the connector, if necessary.
- Make sure no one, including you, is touching the person. Tell everyone to "stand clear."
- Push the "analyze" button, if necessary. Let AED analyze heart rhythm.

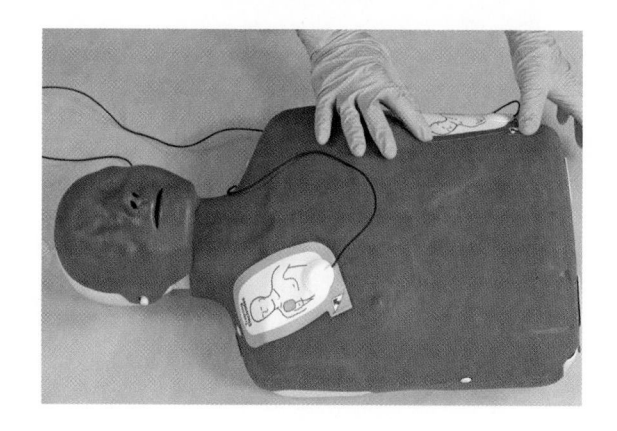

If AED advises you to shock the person:

- Make sure no one, including you, is touching the person.
- Tell everyone to "stand clear."
- Push the "shock" button, if necessary.

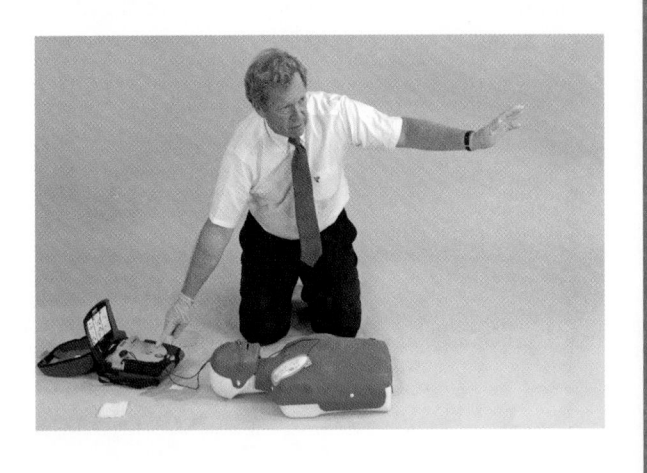

After shock is delivered—

- Give 5 cycles or about 2 minutes of CPR (30 chest compressions, 2 rescue breaths per cycle).
- Let AED reanalyze.
- If AED says, "no shock advised," give 5 cycles, or about 2 minutes of CPR.
- Follow AED prompts.

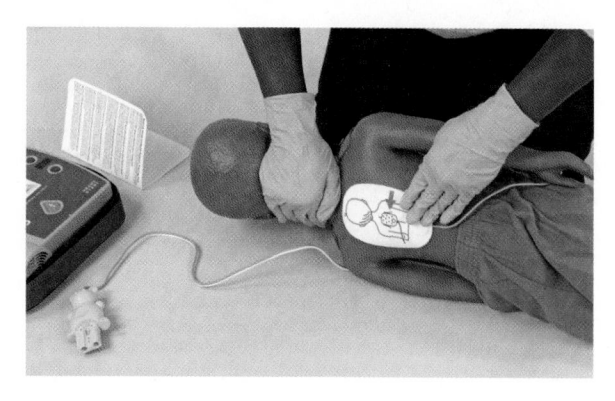

NOTE: *Use pediatric pads for children ages 1 to 8 years, or who weigh less than 55 pounds.*

NOTE: *If, on a child, pads risk touching each other, use front/back pad placement.*

CHOKING

The American Red Cross *strongly* recommends
that you take a course to learn how to respond to
a choking emergency.

CHOKING—CONSCIOUS ADULT AND CHILD

What to look for:

- Clutching throat with one or both hands
- Cannot cough, speak or breathe
- Coughing weakly, making high-pitched sounds
  (If the person is coughing strongly, encourage
  him to continue coughing.)

What to do:

- CHECK the scene and the person.
- Send someone to call 9-1-1 or the local
  emergency number.
- Get permission to give care.

(continued)

If an adult or child is unable to cough, speak or breathe (choking):

- Provide support for the person by placing one of your arms diagonally across the person's chest and leaning the person forward.

- Give 5 back blows with the heel of your hand.

If the airway is still blocked:

- Give 5 quick, upward abdominal thrusts.
    - Place thumb side of your fist against middle of the person's abdomen, just above navel.
    - Grab fist with your other hand.

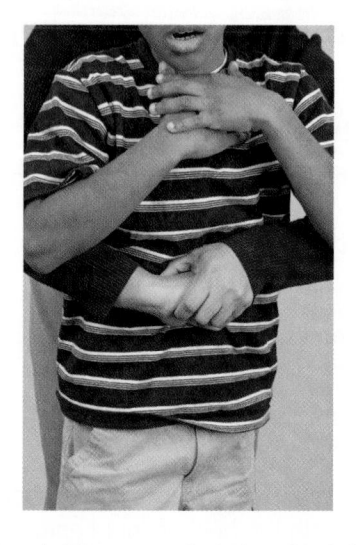

Repeat back blows and abdominal thrusts until—

• The object is forced out and the person breathes or coughs forcefully on his or her own.
OR

• The person becomes unconscious.

If the person becomes unconscious:

• CALL 9-1-1 if not already done so, and give care for Choking—Unconscious Adult and Child (see p. 62).

CHOKING—CONSCIOUS INFANT

What to look for:

- Cannot cough, cry or breathe
- Coughing weakly or making high-pitched sounds

What to do:

- CHECK the scene and the infant.
- Send someone to call 9-1-1 or the local emergency number.
- Get permission to give care from parent or guardian, if present.
- Give 5 back blows (between the shoulder blades) with the heel of your hand.

If the airway is still blocked:

- Give 5 chest thrusts.

NOTE: *Hold infant's head and neck securely when giving back blows and chest thrusts.*

Repeat back blows and chest thrusts until—

- The object is forced out and the infant breathes or coughs forcefully on his or her own.

OR

- The infant becomes unconscious.

If the infant becomes unconscious:

- CALL 9-1-1 if you have not already done so, and give care for Choking—Unconscious Infant (see p. 64).

CHOKING—UNCONSCIOUS ADULT AND CHILD

What to look for:

- Unable to make the chest clearly rise when giving rescue breaths

What to do:

- Check the scene and the person.
- Call or send someone to call 9-1-1 or the local emergency number if you have not already done so.
- Tilt the head and lift the chin, then pinch the nose shut.
- Make a seal over person's mouth.
- Give 2 rescue breaths.

If breaths do not go in—

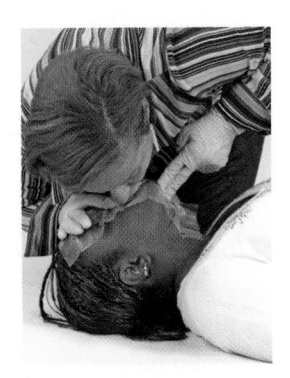

- ○ Tilt head farther back.

(For a child, retilt child's head down and back to open [neutral] position.)

- Try 2 rescue breaths again.

If chest does not rise—

- ○ Remove CPR breathing barrier, if using one.
- ○ Give 30 chest compressions.
- ○ Look for an object.
- ○ Remove with finger if one is seen.
- • Try 2 rescue breaths.

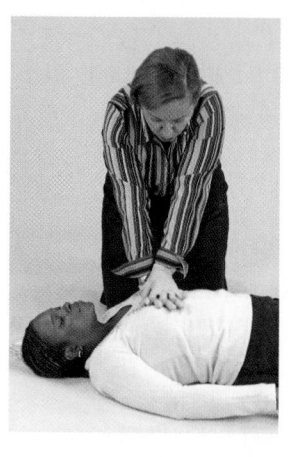 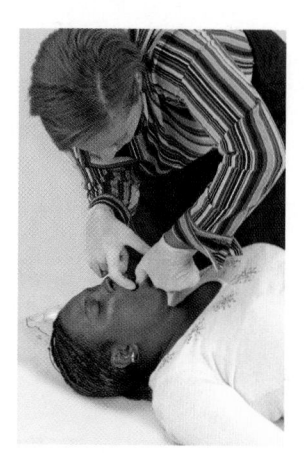

CHOKING—UNCONSCIOUS INFANT

- Make a seal over infant's mouth and nose.
- Give 2 rescue breaths. If breaths do not go in—
  - Retilt infant's head down and back to open (neutral) position.
- Try 2 rescue breaths again. If chest does not rise—
  - Remove CPR breathing barrier, if using one.
  - Give 30 chest compressions with tips of 2 or 3 fingers.
  - Look for an object.
  - Remove with small finger if seen.
  - Try 2 rescue breaths.

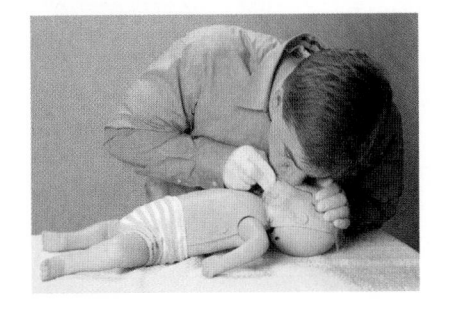

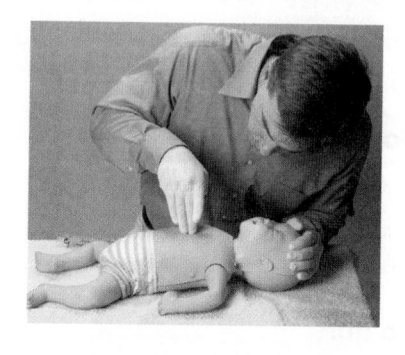

If breaths still do not go in—

- Continue sets of 30 compressions, followed by looking for object/removal and giving 2 rescue breaths until—

  - The chest clearly rises with rescue breaths.

  - The person starts breathing.

  - EMS arrives.

  - Another trained responder takes over.

  - You are too exhausted to continue.

  - The scene becomes unsafe.

If breaths go in—

  - Check for signs of life.

  - Give care based on conditions found.

COLD-RELATED EMERGENCIES

Frostbite

What to look for:

- Lack of feeling in the affected area
- Skin looks waxy, is cold to the touch, or is flushed, white, gray, yellow or blue

What to do:

- CHECK the scene and the person.
- CALL 9-1-1 or the local emergency number.
- Try to remove jewelry or restrictive clothing.
- Warm gently by soaking affected area in warm water (100° to 105° F) until normal color returns and it feels warm.

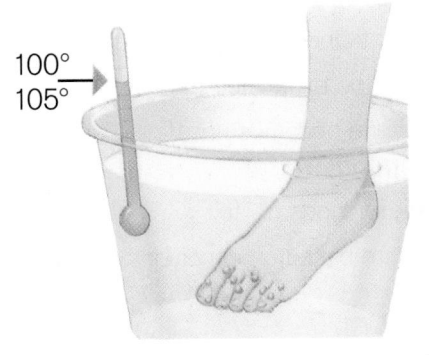

100°
105°

(continued)

- Loosely bandage area with dry, sterile dressing.
- Put dry, sterile gauze between fingers or toes to keep them separated.
- Avoid breaking any blisters.
- DO NOT rub the affected area.

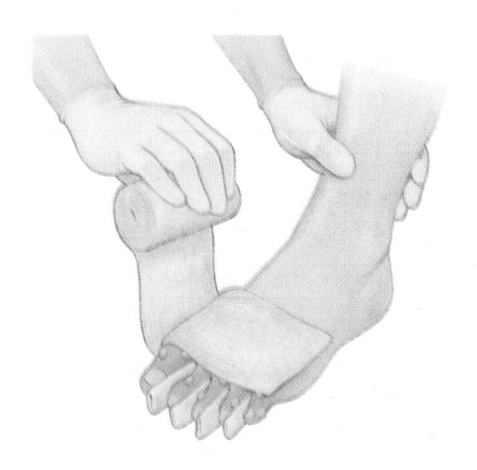

Hypothermia

What to look for:

- Shivering, numbness, glassy stare
- Apathy, weakness, impaired judgment
- Loss of consciousness

What to do:

- CHECK the scene and the person.
- CALL 9-1-1 or the local emergency number.
- Give care for life-threatening conditions (see CPR, p. 49 or AED, p. 54) if needed.
- GENTLY move the person to a warm place.
- Remove wet clothing and dry the person.
- Warm person SLOWLY by wrapping in blankets or putting dry clothing on the person.
- If person is alert, give warm liquids that do not contain alcohol or caffeine.
- DO NOT WARM PERSON TOO QUICKLY, such as immersing in warm water. Rapid warming can cause dangerous heart rhythms.

EMBEDDED OBJECT

What to look for:

- Pain
- Visible object with open wound
- Bleeding

What to do:

- CHECK the scene and the person.
- Send someone to CALL 9-1-1 or the local emergency number.
- Get permission to give care.
- DO NOT REMOVE OBJECT.
- Place bulky dressings around the object to support object in place.
- Use a roller bandage to secure the dressing in place.

EYE INJURY

What to look for:

- Presence of object or substance in eye
- Pain, burning sensation
- Tears

What to do:

- CHECK the scene and the person.
- CARE for an *object embedded* in the eye—
  - CALL 9-1-1 or the local emergency number.
  - DO NOT attempt to remove an object embedded in the eye.
  - Place a sterile dressing around the object in the eye.
  - Support the object with something, such as a paper cup, to stabilize it.
  - Bandage loosely and do not put pressure on the injured eye/eyeball.

(continued)

- CARE for small *foreign bodies* such as sand or other small debris—
  - Tell person to blink several times to try to remove the object.
  - Gently flush eye with water.
  - Seek medical attention if object remains.
- CARE for *chemicals* in the eye—
  - CALL 9-1-1 or the local emergency number.
  - Flush the eye with water until EMS arrives.

NOTE: *Always flush away from the uninjured eye.*

HEAD, NECK OR BACK INJURY

What to look for:

- Person was involved in a motor-vehicle crash.
- Person was injured as a result of a fall from greater than a standing height.
- Neck or back pain.
- Tingling or weakness in the hands, fingers, feet or toes.
- Person is not fully alert.
- Person appears to be intoxicated.
- Person appears to be frail or over age 65.

What to do:

- CHECK the scene and the person.
- Get permission to give care.
- CALL 9-1-1 or the local emergency number.
- Prevent movement of the injured person's head, neck and back.
- Manually support person's head as found.

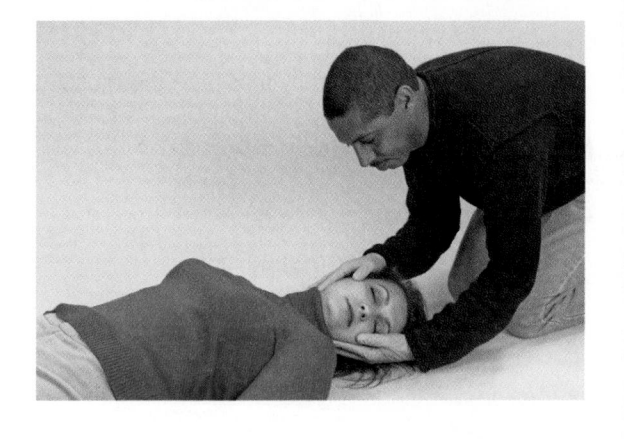

HEAT-RELATED EMERGENCIES

Heat Cramps

What to look for:

- Painful muscle spasms in the legs or abdomen

What to do:

- Have person rest in a cool place.
- Give cool water to drink.
- Lightly stretch and gently massage the muscle.

Heat Exhaustion (Early Stages)

What to look for:

- Cool, moist, pale or flushed skin
- Headache, nausea, dizziness
- Weakness, exhaustion
- Heavy sweating

Heat Stroke (Late Stages)

What to look for:

- Red, hot, dry or moist skin
- Changes in level of consciousness
- Vomiting

What to do:

- Move person to a cool place.

- Loosen tight or remove perspiration-soaked clothing.

- Apply cool, wet cloths to the skin or mist with cool water and fan the person.

- If conscious, give small amounts of cool water to drink.

- If person does not improve quickly, refuses water, vomits or loses consciousness or shows signs of heat stroke (late stages):

  - CALL 9-1-1 or the local emergency number and position him on his side.

  - Continue to cool by placing ice or cold packs on person's wrists, ankles, groin and neck and in armpits.

  - If the victim becomes unconscious, be prepared to give CPR (see CPR/AED, pp. 49–56).

MUSCLE, BONE OR JOINT INJURY

If unable to move or use a body part (splinting):

- Keep the injured part from moving.
- Splint *only* if the victim must be moved or transported and you can do so without causing more pain.
- Splint in the position found.
- Get medical care if injury appears serious. Call 9-1-1 or the local emergency number if person cannot be transported safely.

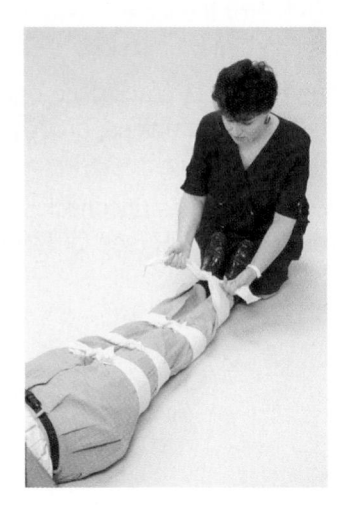

If you suspect a muscle, bone or joint injury:

- *Rest*—Avoid movement of the injured area.
- *Immobilize*—Splint arm or leg if person must be moved and doing so will not cause more pain.
- *Cold*—Apply ice to injured area for 20-minute periods to control pain and swelling. Place a thin barrier between ice and bare skin.
- *Elevate*—Elevate the injured arm or leg *ONLY* if it does not cause more pain.

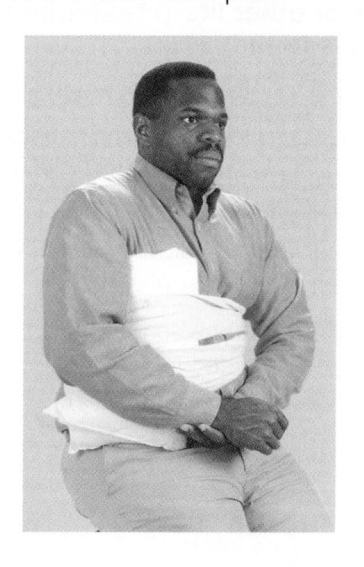

POISONING

If a poisoning is suspected—

What to do:

- CHECK the scene and the person.
- If person is conscious, CALL the National Poison Control Center (800-222-1222) and follow instructions.

If unconscious, level of consciousness changes or other life-threatening problem is found:

- CALL 9-1-1 or the local emergency number.
- CARE for any life-threatening conditions found.
- Try to find out what poison was taken, how much and when. Look for any containers and take them with you to the phone.
- DO NOT give the person anything to eat or drink unless directed to do so by Poison Control Center or EMS.

SHOCK

What to look for:

- Restlessness or irritability
- Nausea or vomiting
- Drowsiness, confusion or loss of consciousness
- Pale, cool, moist skin
- Blue tinge to lips and fingernails
- Rapid breathing and pulse

What to do:

- CHECK the scene and the person.
- CALL 9-1-1 or the local emergency number.
- Monitor person's airway, breathing and circulation.
- Control external bleeding.
- Keep person from getting chilled or overheated.
- Elevate the legs about 12 inches if you do not suspect a head, neck or back injury or broken bones in the hips or legs.
- Comfort person until EMS arrives.

STROKE

What to look for:

Recognize a Stroke F.A.S.T.
Face—Weakness on one side of face

- Ask person to smile. This will show drooping or weakness in the muscles on side of face.

(continued)

Arm—Weakness or numbness in one arm

- Ask person to raise both arms. This will show weakness in one limb (both arms will not be raised to the same level).

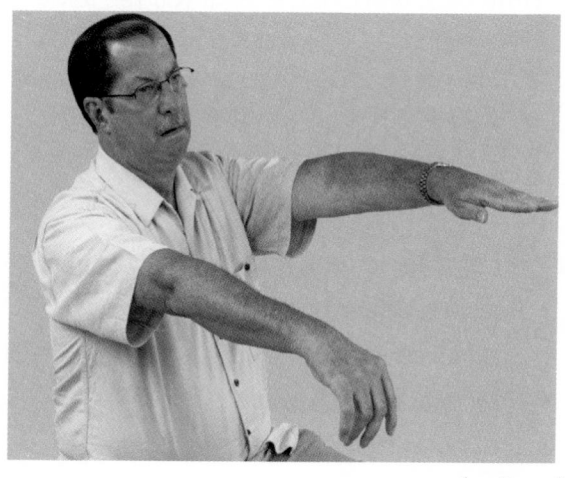

(continued)

Speech—Slurred speech or trouble speaking

- Ask person to say a simple sentence or phrase. Listen for slurred or distorted speech (e.g., "Mary had a little lamb").

Time—Time to CALL 9-1-1 if you see any of these signs.

- If the person has difficulty with any of these tasks or shows other signals of a stroke, note the time that the signals began and CALL 9-1-1 immediately.

Other signals to look for:

- Trouble seeing in one or both eyes
- Sudden, severe headache
- Dizziness, loss of balance
- Looking or feeling ill, abnormal behavior

What to do:

- CALL 9-1-1 or the local emergency number immediately.
- CARE for the conditions you find.
- If person is drooling or has trouble swallowing, place him or her on one side to keep airway clear.

SUDDEN ILLNESS

CARE for life-threatening conditions first. Then—

- Help person rest comfortably.
- Reassure person.
- Keep person from getting chilled or overheated.
- Watch for changes in consciousness and breathing.

Diabetic Emergency

What to do:

- If conscious, give person some form of sugar (e.g., fruit juice, non-diet soda, table sugar, glucose paste/tablets).
- If person does not improve quickly (in about 5 minutes), or loses consciousness, CALL 9-1-1 or the local emergency number.
  - DO NOT give anything to eat or drink if person is unconscious.

Fainting

What to do:

- CHECK the scene and the person.
- CALL 9-1-1 or the local emergency number.
- Position the person on his or her back and elevate the legs about 12 inches if no head, neck or back injury is suspected.
- Loosen any tight clothing.
- Monitor breathing.
- Do not give anything to eat or drink.

Seizure

What to do:

- If the person is known to have epilepsy, it may not be necessary to call 9-1-1, but call if:
  - Seizure lasts longer than 5 minutes or is repeated.
  - Seizure follows a quick rise in person's temperature.
  - Person does not regain consciousness.
  - Person is pregnant, diabetic or injured.
  - Person has never had a seizure before.
  - Any life-threatening condition is found.
- Do not hold or restrain the person or place anything between his or her teeth.
- Remove any nearby objects that might cause injury.
- Protect person's head by placing thin cushion beneath it.
- Check for breathing and injuries when seizure is over.
- Comfort and stay with person until fully alert or help arrives.

TOOTH (KNOCKED OUT)

What to do:

- Have a conscious person rinse his or her mouth with cold water, if available.

- Have injured person bite down on a rolled sterile dressing in the space left by the tooth to stop bleeding.

- Save displaced teeth. Place them in milk, if possible, or cool water. Pick the tooth up by the crown (white part), not the root.

- Get the person to a dentist as soon as possible (within 30 to 60 minutes).